GENIO MORTAL, FAMA ETERNA

Historias del lado oscuro del cine, la música y el arte

Julio César Navarro Villegas

Amazon Mexico Services

Colección "Anuarios del crimen" Vol. 1

Todos los derechos reservados
© 2019, Independently Published
With the support of Amazon Mexico Services
ASIN: B0832FLRJS (Versión digital)
ISBN: 9781650198668 (Versión impresa)
Printed in the United States of America

ÍNDICE

Introducción   1

MUERTES MISTERIOSAS

Una obsesión llamada *Black Dahlia*	7
Hendrix, inmortal a los 27 años	12
Hasta que se acabe la gasolina	16
Sid y el hotel maldito	20
El mártir olvidado del *punk*	24
John Belushi, un cadáver agradable	28
Un cuervo inmortal	33
La visión del "Buda" Cobain	37
Cantaba *Whole Lotta Love* en el *Wolf River*	42
Los excesos de Michael Hutchence	45
De *pornstar* a *rockstar*	49
El poeta asesino	53
¿Mató El Guasón a Heath Ledger?	58

SIMPATÍA POR EL DIABLO

La curva del muerto y la cola del diablo	65
Una nube de cabellos rubios	69
Helter Skelter y el comienzo de la nueva era	74
Cuando suena la música del diablo	79
Las malas "vibras" de *Boleskine House*	87
La broma cósmica de Boyd Rice	91
Esos psicópatas del palco	95
Las pesadillas de *Psychic TV*	100
La verdad es una silla eléctrica falsa	104
¿De qué están hechas las leyendas negras del cine?	108

Entre los fiordos, en nombre del señor oscuro — 112

LA ESCENA DEL CRIMEN

Lady! You shoot me! — 119
Aquel terrible olor que sale del jardín — 123
La ironía mortal del destino — 131
Tragedia en *Mulholland Drive* — 135
Bajo los ojos de 95 millones de personas — 140
Un alto de *Flamingo Road* — 150
La guerra de los raperos — 155
Un corazón dos veces del tamaño de Texa — 159

LA ISLA DE LOS FAMOSOS

Nadie vio ya al Rey Lagarto — 165
Mark ya no habla con el diablo — 169
La enigmática sonrisa de Marilyn — 174
Ese maldito bastardo — 179

Bibliografía — 183
Sobre el autor — 185
Nota final — 187

INTRODUCCIÓN

Existe una cara oculta de las celebridades. Sobre todo de las del cine y de la música, en particular de la más maldita: el rock. Un rostro oscuro que se halla por lo común fotografiado de frente y de perfil en las fichas signaléticas tomadas por la policía después de un arresto. O que se halla en las instantáneas de la crónica negra, en las noticias iniciales de los telediarios o en los expedientes procesales. O bien en Internet, volando imparable sobre las alas de la palabrería más desenfrenada. Todas ellas son historias bizarras de homicidios, desapariciones, accidentes, suicidios, entuertos judiciales pero también de episodios increíbles que permanecen en el misterio.

¿Significa acaso que el mundo del cine y de la música es un mundo enfermo? ¿Que cuando uno comienza a tocar algún estilo de rock, por ejemplo, a cantar ciertas cosas y a comportarse de cierto modo, antes o después se termina mal? ¿Que ese tipo con el cabello cortado de cierto modo, aquel otro mal sentado en la silla mientras lo fotografían y aquel otro que ha renunciado a un trabajo seguro para irse de gira con la banda, han buscado su maldición?

No necesariamente.

Estamos hablando de grandes intérpretes, de grandes exponentes del arte y de la cultura, de experimentación y de búsqueda, o más simplemente de poesía.

Pero también estamos hablando de genio y, por tanto, no siempre, aunque regularmente, también de desenfrenos. De la inquietud y de la soledad de la creación artística. De la transgresión rebelde que es el punto de partida para hacer saltar todas las reglas e inventar algo nuevo. Y de personalidades muy fuertes, pero con frecuencia frágiles y demasiado expuestas, pues vivir en el lado oculto no es fácil.

Durante la paciente preparación de los volúmenes de la colección "Almanaque del rock", observé que varias historias, pese a poder ser incluidas cronológicamente en dicha colección, también podían ser analizadas con un poco más de amplitud teniendo en cuenta sus diversas vertientes: causas de su muerte, impacto en la cultura popular, explicaciones alternas, pervivencia del mito a lo largo del tiempo. Varias de ellas surgieron en pláticas con diversos alumnos universitarios que, sin duda interesados en el protagonista de dicha muerte, también comentaban esas "historias paralelas", algunas asombrosas o estrambóticas, que circulan actualmente en los vecindarios virtuales de Internet. Muchas de esas hipótesis históricas entran de plano en el ámbito de la teoría de la conspiración, eso que yo denomino "fábulas para adultos", pero brindaban una agradable y prolongada plática en la cual se intentaban dilucidar los hechos históricos ciertos y comprobables, quizá sencillos pese a su dramatismo, de los elementos fabulosos, de "fábula", como hemos dicho, que el paso del tiempo ha ido creando alrededor de esa muerte. En muchas de ellas, dichos elementos especulativos exigían, en mayor o menor medida, un requisito indispensable: la "suspensión del escepticismo", dejar de lado por un momento el raciocinio crítico para permitir que el asombro e incluso la credulidad se apropiase de nosotros y con ello permitir que dicha historia "paralela" tuviese efecto. Hubo necesidad de distinguir el trigo de la paja, el hecho más probable del anecdótico, la certeza frente a la especulación, y aún así, dejar el espacio al asombro como parte de la discusión, aunque consignando al ámbito de lo hipotético el hecho no comprobado fehacientemente. Hubo necesidad de documentar la historia, como parte de la exigencia de objetividad, pasando de la rápida visita al sitio web a la fuente documental fiable para emitir una conclusión lo más acertada posible. Con todo, la reconstrucción histórica se vuelve difícil en el caso de los "cadáveres célebres", tan sujetos a mil escenarios posibles. Tanto en Internet como en el mundo literario hay que moverse *cum grano salis*, porque en ambos el dato falso o la especulación abundan. Ello podrá verse en la bibliografía incluida en el presente volumen, furto de un rico intercambio donde hay de todo, como en botica.

Fruto, pues, de la necesidad de seguir consignando esas efemérides particulares del mundo de las celebridades que ameritan una mayor atención, así como de muchas agradables charlas sobre este aspecto de la cultura popular, es que iniciamos estos "anuarios del crimen" donde, entre lo misceláneo y lo cronológico, dejamos constancia de esos momentos llamativos que marcaron el devenir accidentado del *show business* o del *music business* durante buena parte del siglo XX y los inicios del XXI. En cada una de las historias que conforman eseta obra hacemos constar el dato histórico más objetivo relativo a la causa de la muerte. Sin embargo, como parte de la riqueza que cada historia posee, no dejamos de listar los aspectos especulativos de cada deceso, dejando, en algunos casos, la puerta abierta ante aquel que sigue generando dudas.

Vaya un sincero agradecimiento a los alumnos de la Universidad Nacional Autónoma de México que me motivaron a iniciar este nuevo proyecto a partir de las "pláticas de jardín" y de las "pláticas de viernes" que mantuvimos. Chic@s, la charla continúa aquí…

Una nota para iniciar: si en las historias narradas en este libro suceden cosas excepcionales, no se asombren: es del todo normal. Forman parte del lado oscuro de ser una celebridad.

MUERTES MISTERIOSAS

UNA OBSESIÓN LLAMADA
BLACK DAHLIA
Los Ángeles, California, 15 de febrero de 1947

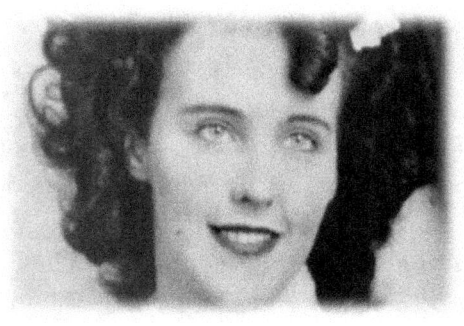

Ha sido la obsesión de un escritor como James Ellroy, que la convirtió en el tema de su primera novela de éxito[1], aunque en su biografía habría encontrado muchos elementos del *noir* debido al homicidio de su madre. Es uno de los casos más narrados en los anales del crimen, en los sitios dedicados a la "nota roja" en Internet e incluso en una película, *La Dalia Negra*, dirigida en el 2006 por Brian De Palma. El caso de la Dalia Negra tiene ya más de sesenta años y debería pertenecer a la historia, pero sigue apasionando y obsesionando a quien se interesa por él. ¿Por qué? ¿Quién era la Dalia Negra? ¿Y qué cosa tan terrible le sucedió?

Es un día frío, y el cielo está cubierto por nubes grisáceas. La señora Betty Ber Singer es un ama de casa como tantas otras y está paseando con su hija de tres años por la calle de un barrio residencial, en el centro de Los Ángeles, cuando algo llama su atención. Sobre un prado a pocos pasos de la acera, hay una especie de maniquí estropeado, desarticulado. Es más, mirando con detalle pareciera que ha sido partido en dos. La señora se acerca más, intrigada, y se da cuenta que aquello que está mirando no es un maniquí, sino un cuerpo humano con la cara destrozada y dirigida hacia lo alto, con los brazos levantados por encima de la cabeza y plegados en ángulo recto, como

---

[1] Una crítica a esta apasionante novela puede consultarse en NAVARRO Villegas, Julio César, *Invitación a la novela policíaca*, publicación independiente con apoyo de Amazon Mexico Services, Estados Unidos de Norteamérica, 2018, versión Kindle e impresa, pp. 146-149 y 142-145, respectivamente.

cuando uno se rinde. Un poco debajo del torso, desplazado hacia la izquierda, está el resto de la cadera, con las piernas extendidas.

La han cortado en dos. Como una muñeca.

La mujer corre a llamar a la policía desde una cabina telefónica. Poco después llegan al lugar de los hechos, ubicado en Norton Avenue, entre las calles 39 y Coliseum, los detectives Harry Hansen y Finis Brown de la policía de Los Ángeles. El lugar está ya abarrotado de curiosos y reporteros que van y vienen, confundiendo las pistas. Los detectives constatan de inmediato que el cuerpo ha sido limpiado de la sangre, y al no haber fluidos hemáticos en el lugar resulta obvio que la mujer fue transportada allí desde otro lugar. Había sido golpeada con ferocidad y estaba llena de moretones, faltándole también trozos de piel. El hecho de que bajo el cuerpo hubiera escarcha significa que lo habían dejado sobre la hierba pasadas las dos de la mañana. Pero el horror no ha terminado. Las entrañas han sido acomodadas cuidadosamente bajo los glúteos y sobre el rostro se observan dos cortes realizados con una hoja afilada, cortes profundos que prolongan la boca hasta por debajo de las orejas, confiriendo a la mujer una grotesca sonrisa de payaso. El cabello, mojado y enredado, es de color marrón y probablemente fue coloreado poco antes con henna; las uñas de las manos están mordisqueadas. Unas profundas marcas en las muñecas y los tobillos indican que la mujer fue atada y quizá torturada. Le habían metido a la fuerza hierba dentro de la vagina, y la víctima había sido sodomizada luego de morir. En este caso no hay límite para el horror.

El forense toma las medidas de las dos partes corpóreas, el peso y las huellas digitales para poder entender a quién pertenece aquel cuerpo tan mutilado. Resulta que cuatro años antes, el 23 de septiembre de 1943, una chica había sido detenida en estado de ebriedad en Santa Barbara. Gracias a estas huellas, el FBI puede brindar una identidad al maltratado cuerpo hallado en Los Ángeles. Es Elizabeth Ann Short, de veintitrés años, nacida en Hyde Park, en Masschussets. A las oficinas del FBI también llega una foto que es enviada rápidamente a la policía de Los Ángeles.

En un instante la foto está ya bajo los ojos de todos los reporteros que descubren el encanto de aquella mujer: cabello castaño, ojos celestes, piel clara y labios coloreados con un lápiz labial vistoso y sensual, color sangre. Elizabeth, que prefiere hacerse llamar Beth, encarna plenamente a la mujer perfecta de los años '40: piernas carnosas, caderas anchas y una pequeña nariz respingada. Inmediatamente algún periodista llama por teléfono a la madre de Beth y con el pretexto de que su hija ha ganado un concurso de belleza le extrae información y curiosidades, para luego, como si nada, comunicarle la muerte.

Los periódicos enloquecen, se apropian de la historia y la ponen en primera página y con grandes titulares:

LA POLICÍA INDAGA LAS BRUTALES PERVERSIONES EN EL HOMICIDIO DE UNA JOVEN

Y desde ese momento todos los periódicos la llaman Beth, "La Dalia Negra".

¿Pero quién es Elizabeth Ann Short? ¿Y por qué la llaman "La Dalia Negra"? Elizabeth es una chica que abandona los estudios para ingresar al servicio doméstico y decide alcanzar a su padre en California. Se muda con él a Los Ángeles, pero tras una discusión se va también de su casa y busca trabajo en una oficina postal en Camp Coke, también en California. Sin embargo, poco después es detenida en estado de ebriedad por la policía en Santa Barbara, donde se transfirió ulteriormente, y luego es reenviada a la casa materna. Beth trabaja en el comedor universitario durante un breve periodo, luego se va a Florida donde conoce al mayor de la Fuerza Aérea Matthew M. Gordon Jr., a punto de partir para las operaciones bélicas en el sureste asiático. Matthew es herido y desde un hospital en la India escribe a Beth pidiéndole que se casen. La chica acepta, pero Matthew muere en un accidente aéreo el 10 de agosto de 1945. Beth vuelve nuevamente a Long Beach, California. Probablemente en este periodo adquiere el sobrenombre de "La Dalia Negra", debido a su pasión por una película de 1946 intitulada *La dalia azul*, escrita por el famoso escritor Raymond Chandler, creador del detective Philip Marlowe. El sobrenombre le viene ya que siempre se viste de negro, no de azul. Beth quiere volverse actriz, y en 1946 se muda a Hollywood. La última vez que es vista con vida es con un hombre en la recepción del Hotel Biltmore, el 9 de enero de 1947, seis días antes del hallazgo de su cuerpo. Dicen que es una "chica de compañía" y que está dispuesta a todo con tal de hacerse de un papel en alguna película, aunque también aquí hay algo extraño, algo que no encaja, porque Beth no puede tener relaciones sexuales normales debido a una disfunción genital.

Durante las indagaciones, entre las diversas especulaciones, autoacusaciones, insinuaciones y macabras fantasías, emergen pocos indicios relevantes. El 25 de enero en un cubo de basura del número 1819 de la calle 25, a unos metros de la escena del crimen, son hallados el bolso de piel de Beth y uno de sus zapatos negros. Nueve días después del hallazgo del cuerpo llega un paquete a uno de los detectives encargados del caso. Del paquete emana un fuerte olor a combustible, usado para borrar cuidadosamente todas las huellas. En un envoltorio están los efectos personales de la víctima, incluidos el acta de nacimiento de Beth, algunas fotografías, la nota necrológica de Matthew Gordon y la credencial de la seguridad social. También hay una agenda en la cual se hallan escritos setenta y cinco nombres de varones. Todos son rastreados por la policía y cuentan más o menos la misma historia. Beth se les acercó en un pub o en la calle, ellos le ofrecieron una copa y una cena para no volver a verla más. Ella les aclaró que no pretendía tener relaciones sexuales con ellos. ¿Quizá a alguno de aquellos hombres o a algún otro no le agradó esta decisión?

Las investigaciones sobre el delito fueron de las más detalladas en la historia de la Policía de Los Ángeles e involucraron a centenares de agentes, incluso de otros distritos, todos obsesionados con la voluntad de resolver aquel caso tan horrible. Centenares también fueron los sospechosos y miles las personas interrogadas, entre ellas unos veinte ex novios de Beth. Sesenta hombres se acusaron del delito.

Pero no obstante todo ello, el caso de "La Dalia Negra" sigue siendo un homicidio irresoluto que tiene su culpable únicamente en la imaginación de James Ellroy y del cineasta Brian De Palma. Un caso increíblemente brutal, con una víctima bellísima y extraña, y un asesino ignoto. Lo suficiente como para convertirse en una obsesión.

HENDRIX, INMORTAL
A LOS 27 AÑOS
Londres, Inglaterra, 18 de septiembre de 1970

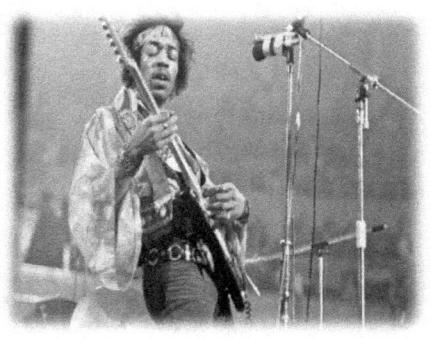

Groucho Marx decía lo siguiente: "nunca quisiera formar parte de un club que entre sus miembros contase a alguien como yo". Y hay un club del cual seguramente nadie quisiera formar parte, aunque sus miembros son famosos y geniales, artistas amados y fascinantes como Janis Joplin, por ejemplo, o Jim Morrison, o Brian Jones, Kurt Cobain, Gram Parsons y Robert Johnson. Se le llama "el club de los 27", y lleva tal nombre porque todos sus miembros han muerto a los veintisiete años, algunos de ellos incluso con diferencia de unos días, como Janis Joplin, por ejemplo, y otro grande de la música alrededor de cuya muerte han surgido numerosísimas leyendas, y por qué no, alguna que otra hipótesis. Se llama Jimi Hendrix.

Para quien no lo conozca, Jimi Hendrix es un guitarrista negro con cabello afro y una cinta sobre la frente que toca su Fender Stratocaster con la lengua y por la espalda, y luego le prende fuego en los megaconciertos de los años '60, como los de Woodstock o Monterey. Pero esto es tan solo el mito, las imágenes que se ven en la televisión cuando se le rememora. Para quien lo conoce, James Marshall Hendrix, llamado "Jimi", es uno de los músicos más revolucionarios del rock, uno de los guitarristas más extraordinarios e innovadores, reconocido unánimemente como el más grande guitarrista eléctrico de todos los tiempos. Distorsiones lacerantes, un uso experimental que va del *finger-picking* al *wah-wah*, de la uña de la guitarra a los pedales, del *feedback* al efecto Larsen, de los controles de tono a las distorsionadores. Hendrix era un maestro en obtener de su guitarra sonidos nunca antes escuchados. Pero no solo es la técnica, sino también la salvaje energía de su modo de tocar y la irresistible carga sexual de sus actitudes. Y todo esto en poco más de cuatro años.

Ese al que se considera el mayor virtuoso de la guitarra eléctrica de todos los tiempos muere un 18 de septiembre de 1970 en Londres, en la recámara del hotel Samarkand. Hendrix se encuentra allí junto con una chica llamada Monika Dannemann, una *groupie*, una fan que seguía a Hendrix en los conciertos y que luego terminó siendo más que una fan y más que una amiga. Apenas entra en la habitación y lo ve, tendido en la cama, entiende que está muy mal y llama al doctor. El doctor Bannister interviene, constata que el cantante está agonizando y lo envía al hospital, pero Jimi Hendrix muere poco después de haber llegado.

James Marshall Hendrix había nacido en Seattle el 27 de noviembre de 1942. Tenía veintisiete años, casi veintiocho cumplidos. Un miembro honorario del "Club de los 27".

Hasta aquí todo muy bien. ¿Pero realmente murió Jimi Hendrix por una extraña maldición que fulmina a ciertos músicos, arrancándoles la vida a los veintisiete años? Probablemente no, aunque algunas explicaciones de su muerte, algunas teorías, no son menos extravagantes.

Esta es una de ellas. Jimi Hendrix fue asesinado por la CIA. No es una novedad: la CIA se halla detrás de algunas historias a las que se les denomina "teorías de la conspiración". ¿Pero por qué la principal agencia de espionaje estadounidense la traía contra un guitarrista virtuoso?

Hay un símbolo del odio recíproco que oponía Jimi Hendrix al *establishment*, al "sistema" estadounidense, y es una canción. O mejor dicho, el modo de tocar una canción. La canción es el himno de los Estados Unidos de Norteamérica, *The Star-Spangled Banner*, esa que se canta en voz alta, de pie y con la mano derecha sobre el corazón en cada acto público, desde el campeonato de béisbol hasta la final del *Superbowl*. Jimi Hendrix la toca en la gran concentración del Festival de Woodstock, pero de inmediato se sabe que no es el acostumbrado himno: distorsionado, desafinado, profanado e irreverente, con la guitarra emitiendo sonidos "a la Hendrix", pero que esta vez parecen ráfagas de metralleta. Es la mañana del 19 de agosto de 1969, es la época de la guerra de Vietnam, y justamente de ella está hablando Hendrix.

¿Y tan solo basta una canción para matar a un hombre? El himno distorsionado es tan solo uno de los "pecados" que Hendrix deberá pagar en sus relaciones con el *establishment* y con el modo de vida estadounidense. Un poco mexicano, un poco cherokee y el resto afro, es decir, negro, James Marshall Hendrix nace como un rebelde que se hace expulsar de la escuela y se vuelve un símbolo de la contracultura y la protesta que en esos años anima a la América de Nixon y de Vietnam. Esa América que la CIA debe defender. Y así, siempre según esta hipótesis, agentes de la CIA se dirigen a Londres, envenenan a Hendrix simulando una sobredosis de barbitúricos y se lo quitan de en medio. Como prueba de dicha teoría están los demás miembros del "Club de los 27" que mueren a los pocos meses uno detrás del otro: Janis Joplin, muerta también por sobredosis el 3 de octubre de 1970, ni siquiera un mes después, y Jim Morrison, muerto el 2 de julio de 1971, también por sobredosis. ¿Existe acaso una sección de la CIA especializada en eliminar a las *rockstars* incómodas?

Hay otra teoría, más directa y concreta y quizá menos fascinante, que se basa en la tendencia maldita de muchas *rockstars* a la autodestrucción. Sexo, drogas y *rock'n'roll*, en resumen.

Jimi Hendrix fue arrestado por primera vez en 1969 por transportar drogas, cuando en el aeropuerto de Toronto le hallaron heroína en su equipaje. Juró que no la usaba, que alguien se la había "plantado" para inculparlo, es liberado bajo caución pero muy pocos le creen, y sin duda usa muchas otras cosas. No es un tipo fácil: a últimas fechas está muy inquieto, es un genio que siempre va por delante y tiene problemas con músicos que van por detrás de él, está solo, tanto en el trabajo como en la vida. Cada tanto explota, como cuando se pone a discutir con el público durante los conciertos, o como cuando los productores lo dejan en el estudio de grabación porque está muy "colocado".

Esa noche del 18 de septiembre de 1970 Jimi Hendrix finalizaba una gira bastante borrascosa. Se dirige a su recámara y pide a Monika unas píldoras para dormir. Monika le da un frasco de Vespax y él las engulle de golpe. Son muchas, sobre todo si se les une a lo que ha bebido y consumido esa noche. Luego, nada, hasta el doctor y la ambulancia.

Sobredosis de barbitúricos, dice primero el doctor Bannister, y luego corrige: asfixia por vómito. ¿Pero cómo, si en la ambulancia todavía estaba vivo? Y aquí surge otra teoría mucho más prosaica, que nada tiene que ver con la CIA sino con un asunto de negligencia médica. Quizá, dice alguien, el enfermero que lo asistía en la ambulancia no entendió lo que estaba sucediendo, creyendo que era una crisis de abstinencia y tan solo pensó en tenerlo tranquilo y no liberarle la garganta. Puede ser.

La elucubración se niega a morir, y aparte de la obvia hipótesis del suicidio, que podría también reflejar un instinto autodestructivo, la pista de los servicios secretos sigue estando en el punto de mira.

Con un agregado.

Durante un tiempo alguien sacó a colación el nombre de Monika, la chica que estaba en el hotel con él. El doctor Bannister habla confusamente de vino tinto derramado sobre el rostro de Jimi, y algunos piensan que quizá ella pudo haberlo matado. ¿Por qué? ¿Por una discusión con él? ¿O porque se lo pidió la CIA?

La pobre Monika cargó con esta sospecha el resto de su vida, junto al sentimiento de culpa de haber estado presente mientras Jimi Hendrix moría y no haberlo podido salvar. Un peso tan fuerte que en 1996 la mujer se suicida.

¿Estará la CIA también detrás de esta muerte?

¿O no será, mucho más simplemente, la muerte de Jimi Hendrix otra historia maldita del rock?

¿Pero por qué mueren todos ellos a los veintisiete?

HASTA QUE SE ACABE LA GASOLINA
Tanworth-in-Arden, Inglaterra,
25 de noviembre de 1974

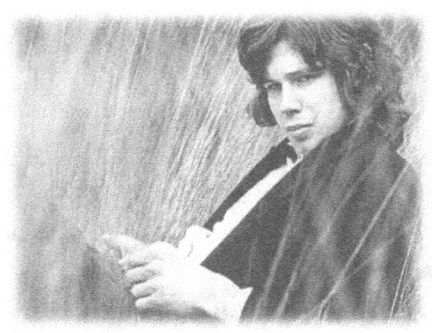

Imaginen ver a un fulano con el cabello largo, sucio, desaliñado, con los zapatos rotos, en resumen, un vago. Está dentro de la cabina telefónica de un *pub* sobre la carretera a Birmingham, en Inglaterra, y marca un número con las uñas largas, que no se corta desde hace semanas. Afuera está su coche que se ha quedado sin combustible. Al verlo así podría parecernos un criminal que ha robado ese vehículo o un loco que está escapando, pero no: es el auto de su madre, y aquel sujeto le está llamando para decirle que se ha quedado sin gasolina, que no sabe si siquiera dónde está y que alguien venga por él. Y si está así de desaliñado es porque se ha quedado sin dinero. Y está así de extraviado, trastornado y alienado no porque esté loco, sino porque está deprimido. Y porque es un artista, un poeta, un genio en su tipo.

Se llama Nick Drake.

Nicholas Rodney Drake tiene una biografía de poeta romántico inglés desde el inicio, porque nace en Rangún, Birmania, donde su padre, un ingeniero, se ha mudado con toda la familia a construir casas de madera para la *Bombay Burina Trading*. Pero en especial el pequeño Nicholas, que luego será el inquieto Nick adolescente, se rodea de lecturas de poetas románticos. Ingleses como Coleridge, que estudia en la universidad de Cambridge, los simbolistas y los decadentes franceses como Mallarmé, Rimbaud y Verlaine, que estudia en la universidad de Aix, cerca de Marsella, en Francia. Es esa la sensibilidad del joven Nick, decadente, otoñal, melancólica, inquieta y sutilmente desesperada. Se habría convertido en poeta, seguramente, un poeta solo de palabras, si su madre no hubiera sido una apasionada de la música y un poco músico también ella. Así, el joven Nick, no obstante que sobresale en el deporte, establece el récord de los cien metros planos y funge como capitán del equipo de *rugby*, no se vuelve ni literato ni musculoso del deporte, sino que se pone a estudiar piano, clarinete y saxofón, luego se compra una guitarra y se vuelve músico.

Su primer álbum lo publica en 1969, se llama *Vive Leaves Left*, luego le siguen *Bryter Layter* en 1970 y *Pink Moon* en 1972. Le bastan tres álbumes, muchos conciertos en los clubs ingleses, grabaciones en la radio de la BBC para el *John Peel Show*, donde tocan grupos y cantantes en vivo y *unplugged*, sin instrumentos electrónicos. Pocas cosas desde el punto de vista cuantitativo, pero que vuelven a Nick Drake un clásico, un precursor, alguien que influirá a muchas personas que vendrán después de él, con un estilo simple, otoñal, crepuscular, melancólico, que hará escuela.

Los genios y poetas, especialmente si son precursores, no tienen una vida fácil en el mundo, y sobre todo en el de la música. Además, Nick Drake no es un tipo fácil de por sí. Por ejemplo, comienza a tener problemas con la droga desde que está en la universidad. Marihuana, naturalmente. Viaja a Munich con sus compañeros de escuela y descubre el porro, pero también alucinógenos como el LSD, que vuelve su droga preferida. Luego llega incluso a la heroína. Cierto, Nick Drake es un músico, es un espíritu inquieto, es un poeta, de historias de droga como la suya hay muchas en el mundo de la música, y siempre terminan mal. Pero con Nick es diferente. Porque Nick es débil, o más bien, frágil y sensible, como sus canciones.

Tiene miedo de subir al palco, y cuando toca en directo, aunque siempre tiene éxito, se asusta y al final de la canción o del concierto sale corriendo. Se convence de que ya no logrará escribir canciones y decide cambiar de oficio, de los que habrá muchos, incluso la carrera militar, la cual será lo último para un chico como él.

Sufre de una depresión que se vuelve cada vez más grave con el paso del tiempo, pero a toda prisa. Se comporta de modo extraño. Durante largos periodos no se baña, no se cuida, no toma los antidepresivos que el psiquiatra del hospital Saint Thomas le ha prescrito. No tiene prácticamente una casa y duerme donde se le ocurre. Sus amigos cuentan que Nick llega de improviso, no habla, responde con monosílabos, se sientan en el diván a beber y a fumar y luego, un par de días después, ya no lo encuentran. En esos días toma el coche de su madre y parte sin rumbo, hasta que se le acaba la gasolina.

Hay un salvavidas para todo esto, una barca de salvación a la cual se aferran todos los poetas, los artistas, los músicos como él que van a la deriva entre droga, alcohol y depresión. Es el dinero. Pero Nick no lo tiene. Su casa discográfica, *Island Records*, lo ha contratado por veinte libras semanales, una cifra miserable incluso a principios de los años '70. Claro, están sus discos, pero no vende nada. El primer álbum menos de treinta mil copias, él último, que pinta mejor, menos de quince mil. La crítica delira por él, los demás músicos lo admiran y lo imitan, pero el público prácticamente no sabe ni siquiera que existe. Nick no se muestra en una mansión rodeado de gente de todo tipo, con los fans que hacen cola para verle. La hace solo.

La noche del domingo 25 de noviembre de 1974 Nick está en la casa de sus padres. Se va temprano a la cama, se levanta con el alba, va a la cocina y vuelve a la cama. Su madre lo oye moverse por la casa, luego desde el alba hasta el mediodía no oye nada. Se preocupa porque Nick no duerme mucho ni siquiera cuando toma sus somníferos, y desde los cinco años tiene un sueño agitadísimo, interrumpido por pesadillas. Así que entra en la habitación y lo halla acostado transversalmente sobre la cama. Muerto por una sobredosis de Tryptizol, un potentísimo antidepresivo.

Aunque no tiene dinero ni los fans de las otras estrellas que han tenido idéntico destino, a Nick Drake le suceden dos cosas que le pasan a gente como él.

La primera es la serie de hipótesis que acompañan a su muerte. Nick se equivocó. Tomó por casualidad una dosis excesiva de Tryptizol mezclado con Stelazina y Dispal prescritos en su terapia antidepresiva, que junto a los somníferos tomados para dormir tuvieron un efecto letal y lo terminaron matando. La culpa es de los médicos que le prescribieron medicamentos equivocados.

No, dice la hermana, Gabrielle. Nick era un experto en medicinas, era una manía suya, sabía lo que tomaba y conocía los efectos colaterales, nunca habría cometido un error así.

Entonces se suicidó. Alguien como él pudo haberlo hecho. La frustración del éxito que no llega, la convicción de no poder escribir más, el pánico escénico, la falta de independencia económica, la depresión, la droga… ¿algo más? Pero no ha dejado ningún mensaje, y alguien como él, un poeta, al menos habría escrito las últimas palabras al mundo. Claro, hay algunos versos en sus canciones que parecen hablar de suicidio, pero también está el álbum que estaba escribiendo, otras letras, otra música, otras canciones. Un artista no deja a la mitad lo que está haciendo, salvo que presienta algo tremendo, y él, en esos días, se había vuelto a encontrar con su ex novia.

Entonces lo mató la heroína, dicen las últimas hipótesis, una sobredosis aumentada por el coctel de fármacos consumidos para buscar el sueño que no lograba conciliar.

Sea cual sea la causa de la muerte de Nick Drake, el rumor es la primera de sus consecuencias. La segunda es que se vuelve famoso.

Finalmente, Nick Drake se vuelve el poeta, el genio, el precursor, celebrado por los demás artistas que declaran tener una deuda con él, como R.E.M. y *The Cure*, e incluso por el público, que ahora comienza a comprar sus discos.

Como dice Ian McDonald, de los *King Crimson*: "estuve fuera del mundo de la música y luego, a principios de los ochenta, volví y descubrí que Nick se había vuelto famoso".

SID Y EL HOTEL MALDITO
Manhattan, Nueva York, 11 de octubre de 1978

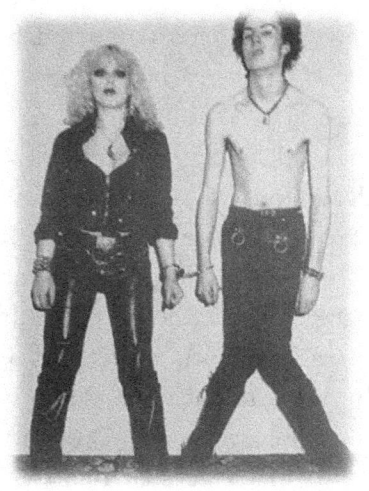

Existe un hotel en el barrio de Chelsea, en Manhattan, Nueva York. No es una gran belleza y en los años '70 lo era todavía menos, un viejo edificio con una fachada de ventanas y escaleras anti incendios, pero es uno de los hoteles más famosos del mundo para quien sigue cierto tipo de música, de arte o de poesía. Un espacio alternativo, intenso, original, genial y, sobre todo, maldito. Allí han vivido poetas como Dylan Thomas, Eugene O'Neill y Allen Ginsberg, músicos como Bob Dylan, Janis Joplin, Leonard Cohen y Patty Smith, así como Jane Fonda y Andy Warhol. No solo han vivido allí, sino que han compuesto canciones y poemas, pues al propietario, Stanley Bard, le gustaban los artistas: primero que todo, habitar en el Chelsea era "barato", luego se había puesto de moda y pasaba de todo. Algunas veces incluso se moría. Como sucedió esa noche a Sid y Nancy.

En la habitación 100 se han registrado como el señor John Ritchie y esposa. Alguien, hacia las once de la mañana, ha llamado a la recepción para decir que había problemas en la citada habitación, luego volvió a llamar, ahora diciendo que alguien se sentía mal. Entonces subió un chico quien, al abrir la habitación con la llave maestra, halló a una chica rubia tendida en el piso del baño llevando encima un sostén y unos pantalones de piel. Tiene un corte en el estómago y hay sangre por doquier. La señora Ritchie está muerta y al señor Ritchie lo hallan en el corredor. Es un joven delgado, con cabello "disparado" en la cabeza, como se decía entonces, recto y descompuesto, se encuentra en evidente estado de agitación y dice cosas extrañas, como "*I killed her... I can't live without her* (la maté, no puedo vivir sin ella). La policía no logra contenerlo pese a estar hasta arriba de Tuinal, y esto lo saben porque conocen todo sobre el señor John Simon Ritchie, aunque tenga otro nombre. Lo conocen como Sid Vicious, el ex bajista de los *Sex Pistols*.

Hay un par de imágenes que pueden servir para contar mejor esta historia. La primera muestra a los miembros de los *Sex Pistols*, uno de los primeros grupos *punk* más extravagantes, que son arrestados por haber tocado la canción *God Save The Queen*, considerada blasfema por llevar el título del himno nacional inglés, en una barca sobre el Támesis, ante el palacio real el día del cumpleaños de la reina; que van a la radio y son expulsados por decir groserías y publicar un álbum revolucionario como *Never Mind The Bollocks*, algo así como "No fastidies los huevos". Claro, no solo ellos animan el movimiento *punk*, que en esos años cambia el modo de hacer música llevando una violenta bocanada de espontaneidad y energía. También están *Clash*, *Stranglers*, *Damned*, *Ramones* en el continente americano, e incluso está *The Police*, que en sus conciertos dicen: "bien, ahora finjamos no saber tocar y toquemos algo de *punk*", pero en ese momento los *Sex Pistols* son los más representativos. Los cuatro contra una pared, camisetas rotas con la bandera inglesa, cadenas en la cintura, clavos en las muñecas, John Lydon, el cantante, llamado Johnny Rotten, Johnny "el podrido", con una cerveza en la mano, y Sid doblado hacia adelante, con la cara asqueada, la medallita de un perro al cuello y las manos apretadas en la entrepierna.

En la segunda fotografía están Sid y Nancy esposados. Él está delgadísimo, con el torso desnudo, la boca torcida y ella está vestida con piel, el abrigo abierto sobre un seno turgente, toda una rubia oxigenada. Se han esposado a propósito, pues llevan juntos desde que ella lo conoció en un concierto de los *Sex Pistols*. Ella es igualmente extraña: incontrolable desde niña, sus padres le daban sedantes ya a la edad de tres meses, y a los cuatro años la llevaron al psiquiatra. A los trece comienza a drogarse regularmente y a hacerse llamar *Nauseating Nancy*, "la nauseabunda Nancy". Es enérgica y voluntariosa, y cuando conoce a Sid lo domina completamente, y a él eso le queda muy bien.

Lo aleja de los *Sex Pistols*, que se separan, lo lleva a Nueva York y viajan por varios locales, pero él siempre está tan "colocado" que a duras penas puede sostenerse en el palco. De aquella época tan solo queda una bellísima y torcida versión de *My Way* de Frank Sinatra, que parece casi un testamento ideológico. Cuando están en Nueva York se alojan en el Chelsea Hotel, y dado que le han prendido fuego a la primera habitación que les asignaron, los mandan a la habitación número 100. Y allí sucede todo.

Esa noche la pasan en el Chelsea, en la habitación de unos amigos. Sid parece deprimido, dice que ya no logra tocar el bajo y que no ve ya ningún futuro. Por su parte, Nancy está eufórica como siempre. Sid tiene un cuchillo, se lo ha regalado Nancy esa tarde. Previamente Sid ha dicho que quiere coleccionar cuchillos, luego ha dicho que necesita uno para defenderse, aunque dice tantas cosas. Es un cuchillo de cacería con una hoja de más de doce centímetros. Sid se lo pasa siempre por la cara mientras habla con los amigos, y Nancy se lo quita. Cuando vuelven a su habitación, hacia la medianoche, Sid ha olvidado el cuchillo e insiste tanto que Nancy debe ir a buscarlo. A la mañana siguiente Sid se levanta en medio de la cama, entre sábanas ensangrentadas.

De la declaración ante el Distrito de Policía de la calle 51, tercera división de homicidios, que realiza espontáneamente Ritchie John Simon, alias "Sid Vicious":

No entendía por qué toda aquella sangre en la cama. En el baño estaba Nancy, sentada en el piso con un orificio en el estómago, y tampoco sabía por qué. Todavía respiraba, así que salió a buscar anfetaminas y cuando volvió Nancy ya no respiraba. Sí, la mató él porque había discutido, no, la atacó pero no quería matarla, tampoco, fue ella la que se abalanzó contra el cuchillo, no, la ha matado él, I did it because I'm a dirty dog (la maté porque soy un perro roñoso).

Está confundido, muy confundido, pero el fiscal del condado de Nueva York, Robert M. Morgenthau tiene muy claras las ideas y lo acusa de homicidio en segundo grado por haber matado a su novia Nancy. El de primer grado está reservado en Nueva York a quien mata un policía. En la prisión de Riker's Island, sección de recuperación de toxicodependientes, Sid permanece cuatro días. El 16 de octubre el creador de los *Sex Pistols*, el productor Malcolm McLaren, logra un préstamo de la Virgin por cincuenta mil dólares para la caución, y Sid es llevado a un hotel, no al Chelsea, donde también está su madre, llegada de Inglaterra. La señora Beverly logra mantener vigilado a duras penas a Ritchie. Sid intenta suicidarse con una serie de sobredosis, intenta cortarse las venas e incluso lanzarse por una ventana.

También hay una tercera fotografía que permite contar la historia de Sid y Nancy, y es la que le toman a Sid cuando es llevado a la comisaría. Es una de esas de medio busto, de frente y de perfil, en blanco y negro. Sid lleva siempre el cabello levantado y lleva puesto el "clavo", su chamarra de piel. Tiene la mirada aturdida, fija, al frente, sobre el pecho lleva un cartel, "NYCPD, New York County Police Department", y el número 4334003. Pero está solo, sin Nancy.

El 1 de febrero de 1979 Sid está en una fiesta en la casa de una amiga, en Greenwich Village. Se retira a una habitación y se inyecta una dosis de heroína que lo hace colapsar. Se niega a ser llevado al hospital, si se queda allí se le pasará, una dormidita y todo listo. Pero cuando se queda solo toma el resto de la heroína que lleva consigo y se la inyecta. A la mañana siguiente, cuando los amigos van a ver cómo está, lo hallan muerto.

¿Qué sucedió en la habitación número 100 del Chelsea Hotel entre la noche del 11 y el 12 de octubre de 1978? ¿Un homicidio ejecutado bajo los efectos de la droga? ¿Un accidente? ¿Un robo por parte de un desconocido, como algunos sostienen? ¿O solamente el final inevitable de dos como Sid y Nancy?

Lo que allí sucedió solamente ellos lo saben. Es uno de los secretos que se conservan entre las paredes de uno de los hoteles malditos más famosos del mundo, el Chelsea Hotel de Manhattan, Nueva York.

EL MÁRTIR OLVIDADO DEL *PUNK*
Hollywood, California, 7 de diciembre de 1980

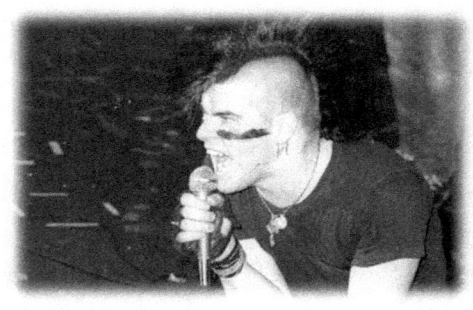

Pegada a la pared hay una hoja con una flecha dibujada, que apunta hacia abajo. Sobre la flecha hay algo escrito: *Here lies Darby Crash* (aquí yace Darby Crash), pero la última palabra quedó inconclusa y se detuvo poco después de la C. Bajo el cartel pegado al muro, hay un hombre, extendido sobre el pavimento de un garaje restaurado de North Fuller Street, en Hollywood, con los brazos abiertos en forma de cruz, y a propósito se ha puesto así. Él redactó la nota, con la flecha y todo, antes de morir debido a una cantidad exagerada de heroína —cuatrocientos dólares de droga- como para no dejar dudas sobre su voluntad de matarse. Luego está también la confirmación de Casey, más o menos su novia, quien jura sin dudarlo que aquel hombre crucificado en el pavimento quería matarse, y lo sabe porque ella debía morir del mismo modo. Habían preparado su doble suicidio y ahora hubiera estado también Casey tendida en el pavimento con él, pero ella era más fuerte y sobrevivió a la dosis, menos violenta. Por el contrario, él no lo logró y ahora está allí, como Jesús, bajo su escrito.

Aquí yace Darby Crash el mohicano, el maldito, el ejemplo viviente de la decadencia de la civilización occidental.

Darby Crash, de *Germs*.

Al principio solo son dos estudiantes de bachillerato que se llaman Paul Beahm y George Ruthenberg. O mejor dicho, dos ex estudiantes, pues fueron expulsados de la University High School de Los Ángeles por comportamiento antisocial. Y decir que asistían a cursos fáciles. Por ejemplo, Paul estaba en un programa de recuperación que mezclaba la filosofía pre-*new age* —estamos todavía a mediados de los años '70- de la Costa Este y la Cienciología, pero ni siquiera con ello logran contenerlo. Paul y George no quieren saber nada de la escuela, son inquietos y arrebatados, y entonces hacen lo que suelen hacer los chicos como ellos, especialmente en Los Ángeles, en aquellos años de la primera explosión *punk*: se unen a una banda de música.

Cambian de formación varias veces antes de tocar, aceptan a una baterista bellísima, que luego se volverá famosa como solista con el nombre de Belinda Carlisle, pero la deben dejar porque se ha contagiado de mononucleosis. Cambian también el nombre del grupo: *Sophistifuck*, un juego de palabras entre "sofisticado" y "follar". *Sophistifuck & the Revlon Spam Queen*, pero es demasiado largo para ponerse en las camisetas. Entonces mejor algo más breve, como *The Germs*, porque eso son y así se sienten, unos gérmenes. George se convierte en Pat Smear, Paul en Bobby Pyn y luego en Darby Crash, y listo.

La primera vez tocan durante cinco minutos antes de que los expulsen del palco, pues dan asco. Pero no importa, es la época del *punk*, no importa si no se es bueno tocando, quizá más adelante lo logren, como les ha sucedido a muchos. Cuenta la energía, la rabia, las cosas que se quieren decir. Es el movimiento *punk* que se está desarrollando en Inglaterra con *Sex Pistols*, *Clash* y todos los demás, y hay una escena *punk* muy variada y creativa en los Estados Unidos de Norteamérica, en Nueva York, en Los Ángeles y en San Francisco: están las *New York Dolls*, Iggy Pop, Patty Smith, Suzi Quatro, los X y muchos más.

En la siguiente ocasión *Germs* permanecen en el palco por más de diez minutos, aprenden también a tocar, y el sencillo que lanzan – *Forming*, de 1977- es considerado el primer disco *punk* de la escena de Los Ángeles. Graban en casa, es más, en el garaje, con una pequeña Sony de dos pistas y para la *What Records*, una de esas microscópicas casas discográficas de entonces que nacían y morían en el lapso de pocos meses. Pero ni siquiera eso importa, *Germs* graban otros discos, tocan en otros lugares, y aunque los discos y los conciertos son pocos, se vuelven uno de los grupos más conocidos y representativos del *punk* estadounidense.

Naturalmente, lo mejor lo dan en concierto. Crash se aferra al micrófono y gruñe, ladra, con agresividad y violencia, se tambalea adelante y atrás sobre el palco mientras la gente salta para escribirle con una pluma sobre la espalda desnuda y sobre la cara. Canta: *If I'm only an animal, then I can't do no wrong* (si tan solo soy un animal entonces no puedo hacer nada mal).

Termina tumbado sobre el palco varias veces y no necesariamente transportado por la música. A veces llega tan "colocado" que no logra conectarse, inventa la letra allí mismo, se pone a hablar con el público mientras canta y luego vomita en el palco. En resumen, el modelo, el icono del *punk* más extremo de esos años, que *Crash* interpreta también estéticamente, cuando se presenta en el palco con una larga cresta de cabello cortado a la mohicana, como lo harán muchos *punks* después de él. Hay una película, en la cual *Germs* aparece varias veces, donde se narra aquella época, llamada *The Decline of Western Civilization* (La decadencia de la civilización occidental). El que sea positiva o negativa esa decadencia depende del punto de vista.

Sin embargo, la vitalidad del *punk*, su agresividad y su pasión son un fuego que quema deprisa y consume a las bandas. *Germs* dura un par de años y se disuelve a principios de 1980, Crash toca con otros conjuntos que se disuelven, se reúne con los demás y luego los manda nuevamente a volar. En resumen, nada particularmente original.

El problema es que está mal. Crash canta como un *punk* pero escribe como un poeta, con una sensibilidad enferma, enfurecida y maldita. Es un filósofo, reúne todas las sugerencias de la cultura psicodélica de la Costa Este y tiene una obsesión particular por el símbolo del círculo, que lo lleva a buscar y representar todo lo que es circular, redondo. Un círculo azul sobre un fondo negro se vuelve el símbolo de *Germs*, el círculo que liga los miembros del grupo y a sus fans, el círculo de la vida y de la muerte. E incluso esto estaría muy bien, si no hubiera de por medio la droga. La maldita droga.

Eso de matarse ya lo traía en mente Crash de tiempo atrás. Es como si sintiese sobre la piel la decadencia de la civilización occidental, de todo lo que está a su alrededor, y quisiera poner las cosas en su lugar. Es el motivo por el cual insiste en hacer de nuevo un concierto con *Germs*, para mostrar a los chicos de hoy, que ahora tan solo crean gran confusión, cómo se hacían las cosas, cuando el movimiento era lo que debía ser. Luego se matará, así se lo dice a su viejo amigo George, comprará un montón de droga, se la meterá toda y así dejará el pellejo. George no se lo toma en serio: Crash dice todos los días cosas como esa, pero Crash se lo dice a Casey, que también está con él, y preparan todo. Un paseo por los locales para oír a los amigos tocar, cuatrocientos dólares dados a un traficante por la droga, luego el garaje de los padre de Casey, reconvertido en casa para visitas.

La idea de escribir el mensaje se le ocurre después, y es por ello que casi no lo termina. Tiene demasiada prisa o la sobredosis le llega de inmediato. Cuando narra el final de Crash, Casey no está segura. Pero él tiene tiempo de abrir los brazos como en cruz, porque ese es el mensaje que quiere dejar. Una especie de martirio. Algo que ponga todo en la justa proporción, el *punk*, la civilización occidental, todo. Un mártir del *punk*, en resumen, que desatará el debate a través de esa foto en las primeras páginas de todos los periódicos.

Pero esto no sucede o, al menos, no del modo que pretendía Crash. El *punk* es *punk*, es vitalidad y violencia, pero arde deprisa y dura solo un momento.

Cuando Darby Crash muere en Los Ángeles bajo aquel cartel es el 7 de diciembre de 1980.

Al día siguiente, en Nueva York, ante el portón de ingreso del edificio Dakota, un fulano llamado Mark David Chapman mata a John Lennon disparándole varias veces por la espalda.

En las primeras páginas de los periódicos de todo el mundo termina alguien muy diferente: el ex cantante y guitarrista de los *Beatles*.

JOHN BELUSHI,
UN CADÁVER AGRADABLE
Hollywood, California, 5 de marzo de 1982

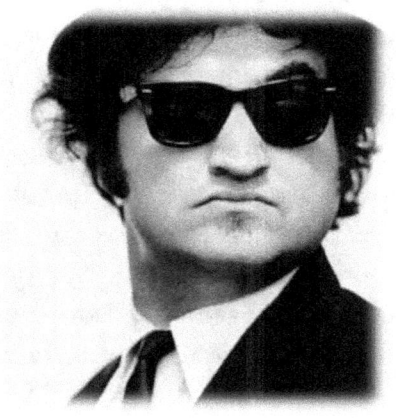

Es una velada muy particular en el Roxy, un bar de Sunsert Boulevard, en Hollywood. Es un frío 4 de marzo de 1982 en Los Ángeles, California. No obstante el aire gélido, grupos de jóvenes esperan su turno para entrar. El local ofrece por lo común música rock, pero esa noche propone a tres actores famosísimos. Se trata de Robert, Robin y John, de treinta y nueve, treinta y treinta y tres años, respectivamente. Se sientan en una mesa cercana al palco, y riendo y bromeando asisten al inicio de la velada. Robert ha sido señalado como el heredero de Marlon Brando y ha logrado el Oscar como mejor actor no protagonista por su papel de Vito Corleone en *El padrino II*. Otras películas suyas de aquel periodo son *Novecientos*, *Taxi Driver* y *Toro Salvaje*. Su nombre completo es Robert De Niro. El segundo tiene una labia desenvuelta, es un veterano de un éxito increíble vestido de graciosísimo extraterrestre proveniente del planeta Ork. Se trata de Robin Williams, quien apenas recibió el *Golden Globe* como mejor actor televisivo por la serie *Mork & Mindy*, y que poco después interpretará papeles excepcionales en películas como *Buenos días, Vietnam* y *La sociedad de los poetas muertos*. El tercero es John Belushi, un loco desencadenado, pupilo de todos los jóvenes. Con el programa televisivo *Saturday Night Live* y su amigo, el actor Dan Aykroyd, ha revolucionado el modo de hacer comedia en la televisión estadounidense. Ha rodado películas graciosas como *Colegio de animales*, *Mi nido o el tuyo* y *Los hermanos Caradura*. Está en el culmen de su carrera, lo máximo a lo que puede llegar dado que al día siguiente ya no lo verá más.

Hacia las 23:15, una chica de nombre Cathy Smith llega hasta su mesa y se dirige a John. Charlan un poco y ella le da una bolsita con algo dentro. Los otros dos saben bien de qué se trata: John tiene años llevando una vida peligrosa permitiéndose todo tipo de excesos. Cathy y él se conocieron en 1976 durante una transmisión de *Saturday Night Live*, siendo ella la corista de *The Band*. Desde ese momento han comenzado a frecuentarse y con frecuencia le proporciona droga a John. Belushi está casado con Judith desde 1976, pero ahora ha tomado un camino que la ha alejado de ella. El actor tiene un lema: "vive a toda velocidad, muere joven y deja tras de ti un cadáver agradable", y parece que desea sostenerlo a toda costa. Afecto al alcohol y a todo tipo de drogas, durante la grabación de Colegio de animales deja tras de sí rastros de todo tipo de droga.

Esa noche también John tiene en mente una pequeña *drug party*. Hacia la una de la madrugada decide abandonar el local, y tras entretenerse con algunos fans fuera del local, se dirige a su coche para ir a casa. Pero está tan ebrio que el director del Roxy se preocupa y lo hace acompañar.

Cuando está en Hollywood, Belushi vive en el hotel Chateau Marmont, en una colina sobre Sunset Boulevard. Es un lugar bastante apreciado por las celebridades. Ha visto pasar a casi todas. Algunas se han alojado allí durante años, otras han hecho *shows* dignos del mundo del espectáculo. Por ejemplo, Jim Morrison, de los *Doors*, intentó una vez lanzarse a la piscina desde la ventana de su habitación. Aterrizó casi incólume sobre una carpa. El lugar es apartado y muy acogedor. Unos árboles ocultan el tráfico, y se tiene una agradable sensación de aislamiento aunque se esté en el corazón de Hollywood.

La mañana del 5 de marzo, en el bungaló 3, John Belushi es hallado desnudo sobre la cama, acurrucado sobre el lado derecho y muerto.

Lo encuentra el fisioterapista Bill, William *"Superfoot"* Wallace, entrenador de confianza del actor. Intentó llamarle por teléfono, y al no obtener respuesta fue en persona al bungaló para brindarle su acostumbrado masaje.

Algunas versiones dicen que Robin Williams y Robert De Niro acompañaron a Belushi al bungaló esa noche y luego se retiraron, pero sobre este punto nunca se ha sabido la verdad. Sin embargo, Robin Williams admitió tiempo después que durante el periodo de *Mork & Mindy* consumía destempladamente alcohol y estupefacientes, pero la muerte de su amigo John le hizo cambiar radicalmente su modo de vida.

La policía está en el lugar, esperando que llegue el coronel Thomas Noguchi. En ese momento Cathy, la chica que le proporciona droga a John, está llegando en el Mercedes del actor, pero viendo toda esa gente ante el bungaló se asusta y se aleja de nuevo.

Para Noguchi ese será su último caso famoso, porque esa misma mañana su superior le comunica que será transferido. En los años anteriores Noguchi ha realizado bien su trabajo o simplemente ha exagerado en sus declaraciones. El hecho seguro es que habiendo trabajado en un distrito como el de Hollywood tuvo que ver con muertes misteriosas y delicadas, y con mucha frecuencia se ha ido de más en las declaraciones ante la prensa. El inspector ha tenido un papel determinante en las muertes de Natalie Wood, William Holden, Marilyn Monroe, Janis Joplin, Sharon Tate y Robert Kennedy. Hay suficiente para llegar a fastidiar a alguien. En el caso Belushi realiza las primeras pesquisas, pero en seguida será llamado el doctor Michael Baden.

Noguchi llega al lugar y, no obstante la terrible noticia matutina, desarrolla su trabajo diligentemente. Constata que no hay señales de lucha sobre el cuerpo del actor ni en el lugar de los hechos. No se hallan armas, somníferos u objetos para drogarse. Los médicos que llegaron antes que Noguchi también han declarado que no hallaron señales de punciones en Belushi. Pero Noguchi no es dado a escuchar a los demás, y realiza un análisis personal. Sobre una cómoda encuentra papel arroz y rastros de hojas verdes desmenuzadas, que resultarán ser marihuana. A su vez, en el suelo, cerca del armario, hay un polvo blanco. Tras los análisis de laboratorio resulta ser cocaína. En ese punto el inspector se acerca al cuerpo y examina los brazos. Un poco por encima de la cavidad de los codos hay una leve decoloración. Noguchi aferra el antebrazo derecho del actor con ambas manos y presiona la carne. Un poco después se ve salir una gotita de sangre en medio del murmullo general. Lo mismo sucede en el brazo izquierdo. Muy probablemente Belushi murió por una sobredosis y alguien se llevó los objetos para drogarse. Poco después se sabe con claridad que el actor murió debido a una *speedball*, una inyección directa a la vena de cocaína y heroína, toda una bomba.

El caso se cierra, pero unos meses después Cathy Smith, conocida como "Bolsa de plata" por conservar la droga que distribuye a mucha gente del cine en una pequeña bolsa de plata, revela durante una entrevista al periódico *National Enquirer* que ella estuvo en el bungaló con Belushi la noche de su muerte y que le inyectó la dosis fatal, el "golpe de gracia", como lo denominará durante el proceso. La mujer es arrestada y procesada por homicidio en primer grado. El proceso se cierra con una condena de dieciocho meses por homicidio culposo.

Según el testimonio de Cathy, ella y John habían estado consumiendo cocaína hasta las tres y media de la mañana. Luego, De Niro y Williams se retiraron y Cathy preparó la inyección para Belushi. A las 6:30 le administró la dosis. Hacia las 7:45, John le pidió agua. A las 10:15, cuando abandonó la habitación para ir en el Mercedes de John a buscar más droga, el actor todavía estaba vivo...

John y su amigo Dan Aykroyd se reunieron una vez para pasar una tarde en la playa, mientras el estéreo difundía el sonido de las potentes guitarras de *2000 Pound Bee* de la banda *Vultures*.

-Prométeme una cosa... -le dijo muy serio Aykroyd-. Si muero antes que tú, debes poner esta canción en mi funeral... Porque... -continuó riéndose-, será fabuloso ver el efecto de una canción así de dura en una iglesia llena de gente.

-Claro –respondió John sin parpadear-. Y tú harás lo mismo conmigo.

El 11 de marzo de 1982, dos días después de sepultar a Belushi, amigos y parientes se reúnen para orar en la *Saint John Divine Cathedral* de Nueva York. Aykroyd es un hombre de palabra: se acerca al micrófono con una grabadora y reproduce una cinta con la canción de los *Vultures*.

John Belushi reposa actualmente en el Cementerio Abel's Hill de Martha's Vineyard, Massachussets.

UN CUERVO INMORTAL
Carolina del Norte, 31 de marzo de 1993

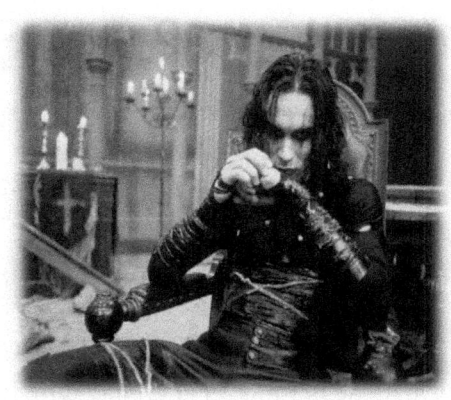

Es difícil hallar un suceso tan rico en relaciones misteriosas y diabólicas sugerencias como el ocurrido en los estudios cinematográficos de Wilmington, Carolina del Norte, el 31 de marzo de 1993. Existen muchas leyendas negras sobre grabaciones de películas o de discos, pero la que desencadena la muerte de Brandon Lee en el set del film *El cuervo* es una de las más increíbles.

Son las 12:30 y todos está listo para grabar. La escena es una de las primeras de la película, y es muy importante. Eric Draven está a punto de ser asesinado por *Funboy*, quien lo espera junto con otros criminales en su apartamento y le dispara a quemarropa con una Magnum .44 en el abdomen. Michael Massee, el actor que interpreta a Funboy, está listo con el brazo estirado y la pistola apuntando hacia la puerta. ¡Clac!, acción, y Brandon Lee, que interpreta a Eric Draven, entra en el apartamento reconstruido en el *set*. Massee dispara, Brandon se dobla hacia adelante, las bolsas de sangre artificial se rompen y las pequeñas cargas que lleva encima explotan, simulando los disparos. Brandon cae a tierra, la escena termina y el director Alex Proyas hace detener las cámaras. Pero Brandon no se levanta, y la sangre que corre por el suelo parece demasiado copiosa y demasiado real. El primero en darse cuenta de ello es el maestro de kung fu Jeff Imada, que coreografía las escenas de artes marciales en la cinta. Brandon es llevado al hospital, donde pasa cinco horas en el quirófano hasta que los médicos tiran la toalla. En el informe policial, en el rubro "probable causa de la muerte", se escribe: *"GSW, gun shot wound"*, lesión por arma de fuego.

Brandon Lee muere por un disparo en el abdomen. ¿Pero cómo es posible? ¿No era una película?

Bastaría la muerte de un actor en un *set* para crear una leyenda negra, pero el caso que el departamento de policía de Wilmington registra bajo el número 065002, Brandon Lee, edad: 28, sexo: masculino, raza: oriental, es rico en sugerencias inquietantes.

Brandon Lee, de veintiocho años, es un actor y experto en artes marciales, protagonista de películas de acción como *Masacre en el barrio japonés* y *Furia de venganza*. Pero sobre todo Brandon es hijo del legendario Bruce Lee, el más conocido intérprete de películas de kung fu, inventor de un estilo marcial, el *jeet kune do*. Primera relación: también Bruce Lee murió durante la grabación de una película. Estaba preparando *El juego de la muerte* (1978) cuando se le encontró en coma en el apartamento del protagonista. Causa de la muerte: edema cerebral. Pero el por qué sucedió sigue siendo un misterio: exceso de entrenamiento, abuso de drogas, alergia a algún medicamento, un *dim mak*, golpe mortal recibido durante el combate con otro experto de artes marciales, la venganza de la Tríada de Hong Kong porque Bruce no quería pagar la cuota por las grabaciones. Sea lo que sea, Bruce Lee muere en el *set* de grabación.

Su hijo Brandon, nacido del matrimonio con una bellísima actriz sueca, es un actor y atleta como Bruce Lee, pero busca por todos los medios de alejar la pesada figura paterna. Por ello, cuando el director Alex Proyas le propone interpretar el papel de Eric Draven en *El cuervo*, Brandon aceptar con entusiasmo. El cuervo es una cinta de tono *dark*, que podrá lanzar a Brandon como verdadero actor de culto. Otra diabólica sugerencia: el hijo que quiere abandonar el camino del padre y el destino que, por el contrario, lo lleva hasta él.

Luego está la cinta, inspirada en una novela gráfica de James O'Barr y publicada en los Estados Unidos de Norteamérica, otro icono de la cultura *dark*, con una dedicatoria a Ian Curtis en la primera edición. El protagonista de la película y del *comic* es un chico asesinado por un disparo en el abdomen y que vuelve del más allá para vengarse de sus asesinos. Eric Draven, con la cara pálida como la de un payaso, los ojos y la boca resaltados con líneas oscuras y profundas como las del Guasón de Batman, vuelve de la muerte como un ángel negro, despiadado e invencible. Es eso lo que le sucede a Brandon en la realidad. Cuando es asesinado, la cinta ya lleva cuarenta y dos días de grabación y restan seis para concluir. ¿Qué hacer? ¿Abandonarlo todo? No, no se puede. Están los efectos especiales. *Dream Quest Image* se ocupa de hacer resucitar a Brandon tomando algunas imágenes y reconstruyéndolas gracias a la tecnología digital y a Matador, un sofisticado programa informático. Así es cómo Brandon puede correr, saltar, hablar, incluso maquillarse ante el espejo, aunque ya esté muerto. Como Eric Draven en *El cuervo*.

Una historia como esta hace nacer otras historias, otras sugerencias y otras leyendas. Nace así "la maldición de los Lee", el mismo destino que une a padre e hijo. Nace la leyenda cínica de la escena de la muerte de Brandon insertada en la cinta, pero no es verdad, porque los fotogramas incriminadores han sido destruidos y, además, no eran útiles. También nacen, como en el caso de Bruce Lee, todas las teorías que intentan explicar la muerte de Brandon. Asesinado por error. Muerto por un sabotaje. Asesinado por las Triadas de Hong Kong, como el padre, porque estaba desvelando los secretos de las artes marciales. Y por la Yakuza, la mafia japonesa, por una banal represalia contra el mundo del cine que deseaba controlar.

Pero lo que realmente sucedió es mucho más banal, y quizá por ello puede parecer aún más inquietante.

Hay un utilero especializado en armas que carga la Magnum .44 unos minutos antes de grabar la escena maldita. Lo hace con balas de salva, naturalmente, mete uno por uno los cartuchos en el tambor de la pistola y se la entrega a Michael Massee, que la apunta hacia la puerta por la cual entrará Brandon. Lo que el utilero no sabe es que la pistola ha sido manejada por otro armero un día antes. El armero ha disparado algunas veces para probar la Magnum y una bala ha estallado mal, dejando un trozo de ella en el cañón. Así, cuando Massee disparó, el trozo alojado en el cañón se volvió una especie de proyectil que, impulsado por los gases de propulsión de la bala de salva, alcanza a

Brandon en el estómago, provocándole una hemorragia interna y matándolo. En resumen, un accidente, banal y estúpido si se quiere, del cual Michael Massee no es acusado e incluso el utilero es exonerado.

Pero, no obstante ello, muchos seguirán creyendo que aquel 31 de marzo de 1993 sucedió algo más. Algo especial, algo diabólico y maldito.

Algo capaz de transformar a Brandon Lee, hijo de Bruce, en Eric Draven, *El cuervo*.

LA VISIÓN DEL "BUDA" COBAIN
Seattle, Washington, 8 de abril de 1994

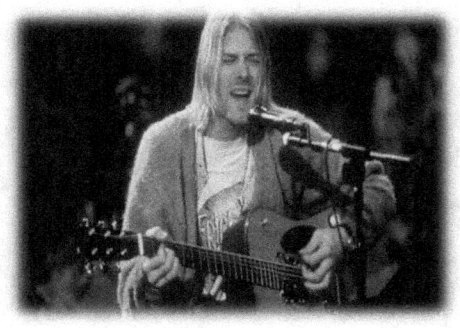

En el certificado de defunción, en el apartado donde se indica la causa de la muerte, se ha escrito *"self-inflicted shotgun wound"* (herida de fuego autoinfligida), y en la casilla de al lado se ha escrito con máquina de escribir *"suicide"* (suicidio). Es un certificado oficial del departamento de salud del condado de King, Seattle, en el estado de Washington, bajo el número 3471, firmado por un doctor y dos funcionarios, y que debería ser claro y definitivo.

Pero no es así. Porque el nombre indicado en el rubro del certificado es el de Kurt Donald Cobain, nacido el 20 de febrero de 1967 en Aberdeen, en el estado de Washington, de ocupación poeta y músico. Género: *punk rock*. El documento no dice que aquel varón blanco de veintisiete años es el líder de *Nirvana*, uno de los grupos musicales más conocidos y amados del momento, pero quizá debería hacerlo. Porque la experiencia enseña que cuando sucede algo a alguien como él, a una estrella, a un mito, los certificados ya no cuentan. Hay quienes declaran haberlo visto dos días después de la fecha de muerte y de haberle incluso hablado. Otros declaran que está vivo y que se oculta en alguna parte, como Elvis Presley y John Lennon. Y naturalmente otros más sostienen que no se suicidó, sino que lo mataron.

Hay otro documento, fechado el 8 de abril de 1994. Es un parte investigativo del departamento de policía de Seattle, y en el membrete ha sido tachada la casilla "accidente", porque de esto se trata, del accidente número 94-15650. Recaba el testimonio de un electricista, el señor Gary Smith, que a las 8:56 de un viernes por la mañana estaba trabajando en el sistema antirrobo de la villa de Cobain, en Seattle. En la parte posterior de la residencia, a la izquierda, hay un pequeño vivero de techo pluvial, y es allí donde el señor Smith halla a Cobain. Lo ve a través de la puerta de cristal, tendido en el suelo, y al inicio cree que es un maniquí, luego ve que hay sangre y también un fusil, y entonces llama a la policía. El agente Levandowski intenta abrir la puerta pero está bloqueada por un banco, así que pide a los bomberos que rompan el vidrio. Kurt Cobain está en el piso, tumbado de espalda, con un fusil de cacería sobre el pecho, un Remington semiautomático calibre .20. Lo tiene apuntado hacia la cara, donde tiene un orificio en la boca por el cual ha salido un reguero de sangre denso y oscuro. Hay un gran desorden en el garaje. Cerca de Kurt hay una caja de cartuchos de calibre .20, unas latas de cerveza llenas, ciento veinte dólares en efectivo, un par de anteojos y su billetera, abierta en la licencia de manejo. También hay una caja de cigarros conteniendo una jeringa, algodón, torniquete y los restos de lo que luego será identificado como heroína.

El agente Levandowski fotografía la habitación con una Polaroid, anota escrupulosamente los detalles en su informe y entrega todo al detective Joshida, a cargo de las investigaciones. Para el departamento de policía de Seattle todo está bastante claro. Es un suicidio. También hay una carta, una hoja escrita con líneas cerradas y ondulantes, muy nerviosas, con una pluma roja que la sujeta a una pizarra de corcho. Está dirigida a Buda, el nombre que Kurt le había dado a su amigo imaginario de la infancia, e inicia con palabras oscuras: "te hablo desde el punto de vista de un papanatas algo vivido que preferiría ser un desesperante niño quejumbroso", y continúa con un tono triste y desilusionado.

> *No siento ya emociones al escuchar música y ni siquiera al crearla... esto me hace sentir terriblemente culpable... a veces me siento como si debiera checar tarjeta cada que subo al palco... me siento jodidamente triste, el pequeño triste, sensible... ¿por qué no puedo divertirme y basta? ¡No lo sé!... No tengo ya ninguna emoción... mejor arder a prisa que apagarse lentamente.*

Es la carta de despedida de un suicida, dice la policía. Pero en particular crean la duda los últimos días de Kurt Cobain y lo que han dicho algunos de sus amigos, así como su esposa, la cantante Courtney Love.

Kurt Cobain llevaba desaparecido seis días. Hasta el primero de abril se hallaba en el *Exodus Recovery Center*, una clínica de lujo de Marina del Rey, cerca de Los Ángeles. Estaba allí desintoxicándose de la heroína, luego de que insistieran los amigos, los compañeros de la banda y su esposa. Un día se le habían echado encima todos, en Seattle, y le habían dicho que si no se componía disolverían *Nirvana* y Courtney lo abandonaría. Un par de episodios le hicieron reflexionar. El 14 de marzo, en Roma, Kurt se había recuperado de urgencia de una sobredosis de alcohol y Roipnol que casi lo mata. El 18, Courtney había llamado a la policía porque Kurt se había encerrado en su habitación con una pistola. Y el 26 de marzo se había hecho acompañar de un amigo a una armería, donde había comprado un fusil de cacería, un Remington calibre .20 y una caja de cartuchos.

Sin embargo, en Marina del Rey, Kurt se queda solo un par de días. Por la tarde telefonea a Courtney y le dice algo extraño: "Tan solo recuerda esto, pase lo que pase. Te amo". Luego, hacia las 19:30 dice al personal de la clínica que irá al jardín a fumarse un cigarrillo, pero en lugar de ello se brinca el muro perimetral y escapa. Vuelve a Seattle y desaparece, mientras todos lo buscan y Courtney contrata incluso a un investigador privado, un ex *sheriff* de Los Ángeles de nombre Tom Grant.

El 5 de abril, Kurt se encierra en el vivero y, según la reconstrucción de los hechos, se inyecta heroína y Valium, se mete el fusil en la boca y aprieta el gatillo. Tres días después, el 8 de abril, llegan el agente Levandowski y el detective Joshida.

Todo está claro, todo en regla para alguien como Kurt Cobain, tan inquieto, tan genial y tan sensible. ¿Pero entonces por qué decenas de sitios en Internet y libros como *Love & Death* de Ian Halperin y Max

Wallace, *The legacy of Kurt Cobain* de Hank Harrison y el propio Tom Grant sostienen que Kurt fue asesinado?

Según ellos, hay algunas cosas que no cuadran.

Una es que la autopsia encuentra en la sangre de Cobain un coctel de heroína y Valium tres veces superior a la dosis normalmente letal para una persona. Doscientos veinticinco miligramos. Dicen que toda esa droga lo habría fulminado inmediatamente, impidiéndole ordenar los objetos hallados en la caja de cigarros y luego dispararse. Otra es que no hay huellas en el fusil, en la caja de cartuchos y en la pluma con la que escribió el mensaje. O más bien, no son legibles, como si hubieran sido limpiadas por alguien. Luego está la nota póstuma, interpretada más como el anuncio de querer abandonar la música que como un mensaje de despedida. Nada hace pensar en un suicidio hasta las últimas líneas, que son ligeramente diferentes, más grandes y nerviosas que las escritas previamente: "Te ruego, Courtney, sigue adelante por Frances —la hija—. Por su vida, quiero que sea feliz sin mí. Los amo, los amo".

Muchos de los que están convencidos de que Kurt Cobain fue asesinado tienen también un culpable en mente. Su esposa, Courtney Love. Porque, dicen, Kurt quería dejarla, quería divorciarse e incluso la había excluido del testamento. Dicen que Courtney ya había intentado matar a Kurt, en Roma, cuando sucede aquel incidente del Roipnol. Fue ella la que habló de un intento de suicidio, e incluso habló de una segunda nota que así lo afirmaba, pero la quemó. Con ella, en Roma, también estaba un cómplice, Michael Dewitt, llamado Cali, un amigo de la familia, quien admitió haber pasado por la villa de Seattle en los días en que Kurt había desaparecido. No es el único sospechoso. También está Eldon Hoke, llamado El Duce, cantante de los *Mentors*, un grupo *punk* de Seattle, quien se acusa diciendo que Courtney le había prometido cincuenta mil dólares por matar a su marido, e incluso se somete al detector de mentiras. El Duce muere en circunstancias misteriosas, terminando bajo un tren luego de ser asesinado por un desconocido pocos días después de haber declarado, y entonces surge otro extraño personaje, un experto en artes marciales llamado Hallen

Wrench y que se acusa de haber matado tanto a Cobain como a El Duce.

No, dicen otros teóricos de la conspiración, otros libros, otros sitios y un documental llamado *Kurt & Courtney*, de Nick Broomfield. Fanfarrones, mentirosos todos. Si la carta de despedida de Kurt hubiera sido un señuelo entonces habría contenido claras referencias al suicidio, en lugar de ser tan confusa. Kurt había expresado claramente su decisión de matarse, dice su esposa. Y entre ellos, repite, no había problemas serios.

¿Entonces qué sucedió? Tom Grant, el detective privado de Los Ángeles, sigue investigando, buscando pruebas para abrir el caso, oficialmente cerrado con aquellas dos casillas rectangulares rellenadas a máquina: *self-inflicted shot-gun wound* y *suicide*.

Para todos los fans de *Nirvana*, Kurt Cobain sigue siendo un mito genial, inquieto, sensible y maldito. Un poeta y un músico, como está escrito en su certificado de defunción, que partió demasiado pronto.

Como dijo Courtney Love en su funeral: "Díganle que es un imbécil, ¿de acuerdo? Díganle solo eso: imbécil, eres un imbécil. Y que lo aman".

CANTABA *WHOLE LOTTA LOVE* EN EL *WOLF RIVER*
Memphis, Tennessee, 29 de mayo de 1997

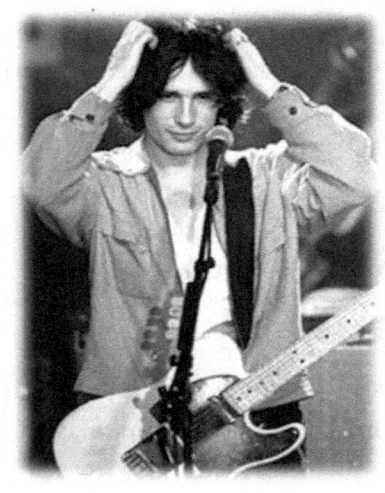

Un meteoro. Eso ha sido Jeff Buckley, cantante de *rock* muerto en 1997. Hijo de otro meteoro del *rock*: Tim Buckley.

Tim Buckley, el padre de Jeff, es un cantautor de notables dotes vocales, tiene una voz capaz de alcanzar las cinco octavas y medio de extensión. Una capacidad entusiasmante. Trabaja en grandes experimentos vocales. Sus pruebas musicales llegan a un *folk* manchado de *blues* y *jazz*. En solo nueve años publica diez discos. Pero su verdadera *opus magnum* llega en 1970 y se llama *Starsailor*. La obra tiene como única protagonista la voz de Tim, que se comporta como todo un instrumento musical destacándose de todo el resto. Por desgracia, el álbum es un fracaso. Todos esperaban más. Tim, amargado, no logra escribir durante dos años. Vuelve al escenario con trabajos menores, y ahora se dedica a las drogas. Pero no obstante la continua falta de éxito, logra hallar la fuerza para desintoxicarse. Lunático y desesperado, abre ventanas de auténtica poesía hacia mundos musicales sin límites. Pero su vida es breve, demasiado breve. Vuelve a embriagarse por última vez el 29 de junio de 1975, a los veintiocho años. Al final de una velada pasada en la casa de su amigo Richard Feeling, a las 21:42 muere en el hospital de Santa Mónica, luego de un inútil intento para reanimarlo. La vida de Tim Buckley termina por una sobredosis.

Ocho años antes abandonó a la esposa Mary Guilbert y al pequeño Jeff, su hijo. El niño lo ve solo una vez, pocos meses antes de morir en aquella noche de 1975. La madre de Jeff se casa enseguida con Ron Moorhead. Pero a la edad de trece años Jeff quiere reapropiarse del nombre de su padre, nombre con el cual se volverá famoso ante el gran público, Jeff Buckley.

Jeff crece con la música en el corazón y en la mente, aunque intenta no medirse con sus dotes de cantante por temor a confrontar al padre. Pero el azar quiere que al entonar canciones de Tim, Jeff se revela ante el público. Tiene veinticuatro años y es el 26 de abril de 1991. Estamos en la Iglesia St. Ann de Nueva York, con motivo de una conmemoración en honor al padre, donde interpreta *Once I Was*. Es todo un éxito, sus cualidades se han mostrado finalmente. Jeff ha heredado del padre los rasgos angelicales y al mismo tiempo malditos, así como una voz portentosa. Para él ha llegado la hora de sumergirse en el bosque artístico de Manhattan. En los conciertos ejecuta *cover* tras *cover*: desde Van Morrison a Edith Piaf, desde Léonard Cohen a Nina Simone. Sabe cantar con tonos suaves y tiernos, pero a la vez parece estar poseído por el demonio de la inquietud.

La Columbia decide contratarlo. El álbum *Grace* (1994) vende más de un millón de copias. Y Jeff Buckley recorre el mundo realizando conciertos casi sin parar. En el álbum revela todo su talento. Su voz sube en un *crescendo*, intenso y doloroso. Explota en el disco como en los conciertos. Las letras nacen de un alma atormentada y buscan consuelo en el repertorio de Tim, el padre. Pero también están Bob Dylan, Leonard Cohen y Van Morrison. Jeff Buckley toca la guitarra, el armonio, el órgano y el tympanon. El canto de Buckley inicia casi siempre despacio, modula las inflexiones con un estilo de *folksinger* y termina en un *crescendo* dramático en el límite del *blues* y del góspel.

El 29 de mayo de 1997, Jeff se dirige al aeropuerto de Memphis para reunirse con su banda y seguir trabajando en su segundo disco, *My Sweetheart The Drunk*. Pero Jeff los ha enviado momentáneamente a Nueva York, los ha alejado por no lograr encontrar inspiración. Luego de los conciertos se siente un poco cansado. Fuera todos, a Nueva York. Pero ahora que ha compuesto algo ha ordenado las ideas, pide a su banda que vuelva para tocar otra vez. Está listo para la llegada del avión, ha sido una buena jornada y el crepúsculo se presta para la melancolía y la poesía. A Jeff le entran ganas de sumergirse en el río. Con él está un amigo, uno de esos chicos que siguen a las bandas, un poco fans y un poco colaboradores: son los llamados *roadies*. Están en el *Wolf River*, un afluente del Misisipi, y las aguas parecen tranquilas. Jeff se sumerge completamente vestido y con zapatos. Quizá tiene en mente dar un paseo por el agua, quizá quiere bañarse, dejarse arrullar por la superficie líquida. Pero su acompañante, impotente, lo ve alejarse de la orilla. Jeff nada y canta el estribillo de *Whole Lotta Love* de Robert Plant. Keith Fotie, el *roadie*, lo llama varias veces, preocupado. Podría ser peligroso. Jeff se deja llevar, alcanza sonriendo un pilar de la autopista pero ya está haciéndose noche. Hay un bote que llega desde la dirección opuesta, Jeff logra hacerse a un lado, pero cuando el amigo vuelve a dirigir la mirada en busca suya, ya no está. Jeff Buckley ha desaparecido.

La policía de Memphis busca de inmediato su cuerpo. Pero deben pasar seis días antes de que salga del Misisipi, donde las corrientes lo han arrastrado. Finalmente lo encuentran. Jeff ha sido transportado por la corriente a lo largo del tramo que recorre el centro de la ciudad.

Los exámenes toxicológicos realizados al cadáver revelan que no había bebido ni se había drogado al momento de la desaparición. El médico forense de Memphis halla en su sangre tan solo un ligerísimo rastro de alcohol, cuatro miligramos. Ahogamiento accidental es la causa oficial. ¿Cuáles pudieron haber sido las causas de su ahogamiento? ¿Quizá el remolino causado por la embarcación? ¿El peso de la ropa y de los zapatos llenos de agua?

Hasta hoy, Jeff es considerado como una de las voces más emocionantes del panorama del rock, y su culto ha adquirido dimensiones similares a la de otros iconos musicales que han tenido vidas inquietas.

Jeff Buckley, un meteoro que pasa en lo alto del cielo y que para mirarlo hay necesidad de levantar la cabeza.

LOS EXCESOS DE MICHAEL HUTCHENCE
Sidney, Australia, 22 de noviembre de 1997

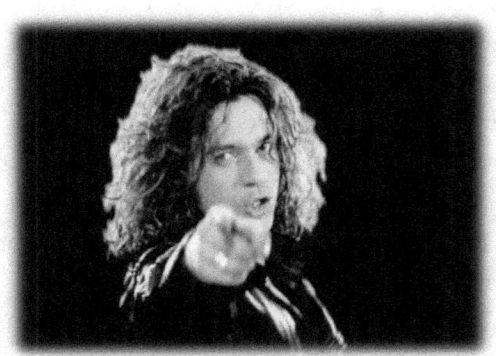

Michael es atractivo, incluso sensual. Tiene un atractivo que traspasa el video, la película fotográfica e incluso la distancia desde el palco, porque Michael, más que un actor o un modelo, como en ocasiones lo es, es el cantante de *Inxs*.

Esta mañana Michael Hutchence es hallado tendido en el suelo del baño de una habitación de hotel en Sidney, completamente desnudo. Muerto en circunstancias inexplicables. A su lado, en el brillante pavimento, no hay nada salvo un cinturón.

No es una escena novedosa. Desde Lenny Bruce, el cómico más irreverente de Nuera York, hasta Kurt Cobain de *Nirvana*, pasando por Sam Cooke, fotografías policíacas como esta, con un cuerpo tendido en el suelo, objetos que parecen abandonados dentro de círculos trazados con tiza, quizá las piernas de un policía en el fondo, hemos visto muchísimas. Pero de casi todas se logra decir al final un porqué, aunque a disgusto. De esta no. O al menos casi no.

Para intentar entender este caso podemos partir del nombre mismo del grupo del cual Michael Hutchence formaba parte. *Inxs*, que en la pronunciación inglesa tiene un sonido particular, *In - ex – ess*. Pero esto no es una palabra vacía, todo lo que se refiere al rock es excesivo por definición.

Pero pongámoslo a un lado como un indicio al cual volveremos después, y sigamos adelante con nuestra indagación.

Michael Kelland John Hutchenche nació en Sidney, Australia, en noviembre de 1960. Sus padres debieron mudarse por motivos de trabajo y así Michael creció en Hong Kong. Comienza de inmediato a presentarse como modelo, y tan solo tiene ocho años cuando aparece en la publicidad de una empresa de juguetes.

Luego sus padres vuelven a Sidney, donde el joven Michael, todavía siendo adolescente, terminará la escuela. Allí, en el bachillerato, Michael conoce a tres chicos que tocan en un grupo. Juntos hacen una prueba, cambian un poco las formaciones, y al final nacen los *Farriss Brothers*, ya que tres de sus componentes son los hermanos Farriss. Pero no solo ellos están en el grupo, y además es agosto de 1977: el *punk* está a la puerta, y un nombre como ese, tan *soul*, no funciona. Así que llega la inspiración. Esa X en medio del nombre que rememora un concepto más justo, el del exceso.

Con *Inxs*, Michael Hutchence graba una serie de álbums que tendrán gran éxito en Australia y también uno más discreto en el resto del mundo, pero es con el cuarto disco, *The Swing*, de 1984, que estallan como fenómeno a nivel internacional gracias a un sencillo, *The Original Sun*.

Desde ese momento, *Inxs* es uno de los grupos puntales de lo que se llamaba entonces *New Wave*. Pero el éxito de Michael no es solo como cantante. Claro, está él al frente, en el palco y en los videoclips, la banda toca a su alrededor y él en primera línea canta con una extraña voz, profunda y tintineante, pero su atractivo no es solo el de ser *frontline*. Hay algo más, algo que lo lleva incluso a otra parte, a los estudios cinematográficos. Michael aparece en varias cintas como actor, aunque para hallarlo hay que buscarlo entre los créditos. Las películas no despuntan en la historia del cine: una australiana, *Perros en el espacio* (1986), y *Frankenstein, perdido en el tiempo*, de Roger Corman (1990). Además, Michael aparece como modelo de revistas ante la cámara fotográfica de vez en cuando.

Pero sobre todo aparece en los tabloides, en las portadas de las revistas de escándalos. Michael tiene este atractivo sensual al ser una *rockstar* y casi por definición quien sube a un palco y toca música *rock* se vuelve inmediatamente un *sex symbol*, pero él tiene algo más. Seguramente es alguien que se enamora y hace que se enamoren, dado que la lista de sus historias amorosas es infinita. Cantantes como Belinda Carlisle o Kylie Minogue, que desde muy joven sale con él y la transforma. Antes era una chica linda con el aspecto de la vecina de al lado, muy modesta y tranquila. Luego se vuelve un *sex symbol*, agresivo y seductor, completamente diferente. O bien *top models* como Helena Christensen y Elle Macpherson. O incluso las esposas de otros como Paula Yates, que cuando tiene un romance con Michael Hutchence es todavía la esposa de Bob Geldof. Con ella tiene una hija a la cual le dan uno de los nombres más absurdos y locos que haya tenido un hijo de un actor o *rockstar*: Heavenly Hiraani Tiger Lily Hutchence. Pero estas son minucias, Michael es guapo, libre, puede tener seguramente todas las historias que quiera y con quien quiera.

El grupo siempre tiene éxito. A aquel cuarto álbum le siguen otros más. Algunos son apreciados por el público y no por la crítica, otros gustan a los críticos pero no a la gente, como es normal. Inxs tiene colaboraciones prestigiosas, como aquella con Ray Charles, y grandes conciertos, como cuando tocan en el estado de Wembley ante setenta y dos mil personas, en 1991. O como cuando tocan ante el príncipe Carlos y Lady Diana, durante su viaje a Australia, pero esto sin duda es menos importante.

No obstante todo ello, Michael está inquieto. Fama, dinero, mujeres, éxito: el ansia de *rockstar* lo devora, pero Michael se vuelve famoso por su inquietud y por los arranques de ira.

En 1993, mientras están grabando *Full Moon, Dirty Hearts*, Michael discute con otro miembro del grupo, Garry Gary Beers, toma un cuchillo y lo persigue para matarlo, pero es detenido de inmediato. En otra ocasión, estando en Dinamarca para un concierto, pelea con un taxista, se hacen los golpes y termina en el hospital con un trauma craneal que le hace perder el sentido del olfato…

Dicen que Michael está deprimido, y dicen que es excesivo, in – ex – ess. En todo, incluso en el sexo. Sin embargo, a nosotros nos interesa otra cosa. El cómo llegamos a aquel 22 de noviembre de 1997, al baño de aquella habitación de hotel, con Michael desnudo en el suelo junto a un cinturón, muerto.

En el informe del agente que se ocupa de su muerte, se señala que Michael murió por un paro cardíaco luego de una asfixia. Muy genérico: ha dejado de respirar y así el corazón ha dejado de latir. Es lo que distingue a muchas "muertes célebres" del mundo del rock y del espectáculo. Quiere decir todo y nada, y abre la puerta a infinitas especulaciones, que en este ambiente son como de la casa.

La historia inicia con aquello que se encuentra en el piso del baño. Un cinturón. Si hubiera sido una jeringa o frascos de pastillas, la hipótesis habría estado clara, pero allí hay un cinturón. Así que las hipótesis son dos.

Michael se suicidó. Se ahorcó con ese cinturón, colgándose de algo que después cedió ante su peso. Al caer, el cinturón se desanudó y terminó en el piso. Es posible, Michael estaba deprimido, dicen sus amigos.

Otra hipótesis es que Michael muriera por accidente. Un accidente ocurrido durante una práctica erótica. Un juego sexual extremo, que incluía cierto grado de asfixia con ese cinturón. El juego se fue de las manos, Michael perdió el control y se sofocó él solo. O en compañía, como sostienen algunos, refiriéndose a alguna amiga de Michael como la *suicide blonde*, que es también el título de una canción de *Inxs*.

Rumores, hipótesis, incluso chismorreos. La realidad es que Michael Hutchence está muerto, y de alguien así, vivo en el palco, en los videos y en los discos, siempre queda un agujero que nunca será colmado. Lo saben bien los otros miembros del grupo, que intentaron sustituirlo de todas las formas, con otros cantantes, como Terence Trent D'Arby. E incluso ha habido un *reality show*, *Rockstar: Inxs*, para elegir un sustituto.

Pero no es fácil hallar a otro Michel Hutchence.

DE *PORNSTAR* A *ROCKSTAR*
Mansfield, Connecticut, 6 de abril de 1998

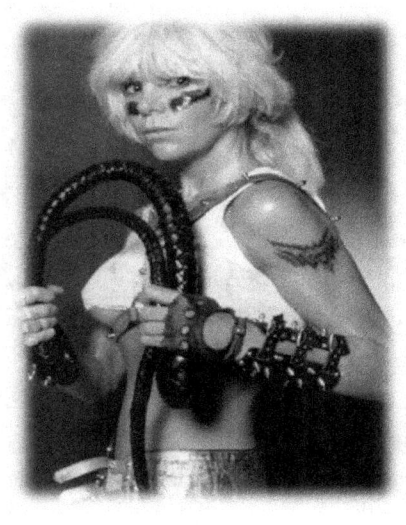

Las iniciales de su nombre, puestas juntas sin puntos entre sí, suenan "wow" y, en efecto, es más o menos lo que decían todos los que la veían, ya fuera en el palco o en la vida cotidiana: ¡Wow! Porque Wendy Orlean Williams –Wendy O. Williams para los fans- era siempre así: increíble y sorprendente. Lo era para quien la veía en el palco con los *Plasmatics*, completamente desnuda y con el cabello cortado a la mohicana, quizá cortando en dos una guitarra con una sierra eléctrica, y lo fue seguramente para quien la descubrió entre los árboles de un bosquecillo tras su casa, muerta de un disparo en la cabeza.

Quizá haya un destino que marca el camino de ciertas personas y las vuelve más que un cantante, más que una *rockstar*, más que eso: un icono, un símbolo, un entero universo de sugestiones para el imaginario emotivo de muchas generaciones. No es una exageración, porque quizá para Wendy O. Williams no basta, porque ella misma es exagerada, bella y sexy. Lo es por definición.

Wendy nace en Webster, un pueblito del estado de Nueva York en donde vive hasta que casi termina la escuela superior. Poco antes de graduarse se cansa, se lanza a la carretera y hace *autostop*. Llega hasta Colorado, luego se va a Florida, luego atraviesa el océano y llega a Europa, a Londres y a París. Wendy tiene tan solo dieciséis años, pero se abre camino: empieza cosiendo bikinis para una marca, pero entiende que el trabajo textil no es lo suyo, y entonces regresa a Nueva York y se exhibe como nudista. Trabaja en los *peep shows* de los barrios de luz roja, baila *lap dance* en los clubs, actúa en películas porno, y una de ellas se vuelve un clásico, *Candy goes to Hollywood*, donde Wendy interpreta a ella misma que se encuentra con una chica provinciana convencida por un hipnotizador de volverse estrella porno. La cinta se vuelve de culto por el uso muy particular que hace Wendy de una pelota de ping pong.

Wendy es bella y sexy. Además, pronto se vuelve una *rockstar*, y ello sucede porque también se encuentra con un hipnotizador.

El hipnotizador se llama Rod Swenson, y no es un mago, sino un artista. O más bien, un anti artista. Estamos en la segunda mitad de los años '70, son los años del *punk*, de la *no wave* neoyorquina de Patty Smith, de la contracultura y de una vanguardia artística de las más destructivas y creativas de todos los tiempos, y en todos los campos. Rod Swenson es un artista conceptual graduado de Yale, se hace llamar *Captain Kink* y tiene un teatrillo de vanguardia en Nueva York. Wendy lee un anuncio en una revista *underground* que halla en la banca de la estación de autobuses, en el aeropuerto. La revista está allí, abierta en la página justa, Wendy le echa un vistazo, ve el anuncio de aquel tipo que busca gente para un proyecto artístico, la idea le gusta y va a verlo.

Entre el capitán Kirk y Wendy estalla repentinamente un relámpago, tan así que estarán juntos durante veintidós años. El capitán tiene muchos proyectos, pero uno en particular le interesa a Wendy. Lanzar un grupo *punk* que no sea tan solo un grupo musical, sino algo más, casi un grupo teatral; no con simples presentaciones o exhibiciones musicales, sino *performances*. Donde los músicos no solo sean músicos sino actores, y alguien como ella no solo sea voz sino cuerpo, acciones, actitudes, provocaciones.

Así, entre 1977 y 1978 nacen los *Plasmatics*, que se afirman rápidamente como uno de los grupos *punk* más fuertes de la escena punk neoyorquina. Los críticos, tanto los bienpensantes como los que no lo son, definen su música como *shock rock*. En efecto, las canciones son violentas y las letras en armonía con la época subversiva del *punk*, pero son las giras que acompañan a los estrenos de los álbumes las que sorprenden. Son casi un grupo teatral, ya lo dijimos. Por ejemplo, destruyen los instrumentos en el escenario. Claro, también lo hacían *The Who*, pero los *Plasmatics* más radicalmente. Hacen estallar el piano. Hacen saltar por los aires un Mercedes durante un concierto en Alemania, e incluso una patrulla de policía. Destruyen paredes de televisores.

Pero sobre todo está ella, Wow, Wendy O. Williams. Canta con su voz ronca y agresiva, se presenta en el palco con el cabello cortado a la mohicana con una larga cresta rubia, vestida de látex, organza transparente y botas de plástico y, a veces, incluso desnuda, tan solo cubierta con espuma para afeitar, por ejemplo, o bien tan solo con los pezones pintados de negro, imitando actos sexuales con lo que halla, los instrumentos musicales, las cajas acústicas, todo lo que le sirva para un *performance* digno de los *Plasmatics*.

Cuando esto sucede, la policía salta sobre el palco y la arresta, como ya había sucedido con Jim Morrison. Pero ella es Wendy O. Williams, ella es *más*, y la policía no la arresta. Como en Milwuakee, en 1981, en el *Palm Nightclub*. Wendy está teniendo sexo con un grueso martillo cuando los agentes de policía del condado la arrestan, la sacan del club y le dan una paliza sobre la acera, la masacran, dejándola inconsciente. Hay una ficha signalética suya que la retrata con un ojo negro, la nariz rota y marcas rojizas en el rostro.

Wendy es sexy. Es carismática. Es excesiva. Es una estrella del *punk*, una gran estrella, tan así que en 1985 obtiene un Grammy como mejor cantante femenina del año. Pero también es otra cosa. Es también una activista.

Wendy tiene una obsesión: los animales. Es vegetariana y, a su modo, macrobiótica, contraria a la industria de la peletería y a la de los cosméticos. No es solo un compromiso de fachada como el de otras *rockstars*, para ella es en serio. Cuando tiene tiempo libre, y en particular después, cuando abandona los *Plasmatics* en 1984 y sigue una carrera solista o con amigos como Lemmy de *Motörhead*, trabaja en una clínica de recuperación para animales heridos, donde sirve como enfermera de perros y gatos.

En 1988 Wendy tiene cuarenta y ocho años, todavía es una mujer muy sexy y tiene el mismo carisma de siempre. A partir de 1991 se retira con su *Captain Kirk* a una villa entre los bosques de Connecticut, donde se ocupa de animales y escribe libros de recetas vegetarianas. Pero no es feliz. No soporta ya al mundo, a la gente, al estilo de vida que le rodea. El mundo, dice Wendy, es materialista y consumista, superficial, obtuso, sin esperanza. Es un mundo que come, en todos los sentidos, que devora, consume, y que pronto será devorado. Wendy no logra tolerarlo.

El 6 de abril de 1998 es un lunes, y el capitán acaba de volver a casa tras hacer las compras, cuando halla un paquete sobre la mesa de la cocina. Lo ha dejado Wendy. Dentro hay cajas de comida que a él le gusta particularmente, una confección de algas de baño relajantes. Pero también hay algunas cartas. Una carta de amor, un testamento, y lo que inmediatamente se ve como la despedida de un suicida.

El capitán se pone inmediatamente a buscar a Wendy en el bosque que hay alrededor de casa. La halla unas horas después con una pistola en la mano y un orificio en la cabeza. Ha sido un acto consciente, dirá el capitán en las entrevistas, no un gesto irracional motivado por la depresión. Wendy lo venía diciendo desde hacía cuatro años y ya lo había intentado tres veces. Simplemente, como escribe en sus cartas, no soportaba ya a un mundo que no lograba cambiar.

Un gesto extremo, excesivo como Wendy O. Williams, que priva al mundo de su carisma y la convierte en un mito, entrando a los rumores típicos de estos casos que, naturalmente, causa estragos en Internet.

-Yo —escribe *Tattooed Dad*, pero podría ser cualquier otro sobrenombre, en uno de tantos blogs que hay en la red-, tengo todavía dudas sobre el hecho de que Wendy se haya matado sola…

EL POETA ASESINO
Vilnius, Lituania, 27 de julio del 2003

¿Puede un poeta ser un asesino? Pero no un asesino común y corriente, sino uno brutal, feroz, que golpea, golpea y golpea hasta matar. No. O al menos esa sería la respuesta común. Claro, Verlaine le disparó a Rimbaud, pero aparte de que casi falla, se trata de un arrebato de ira 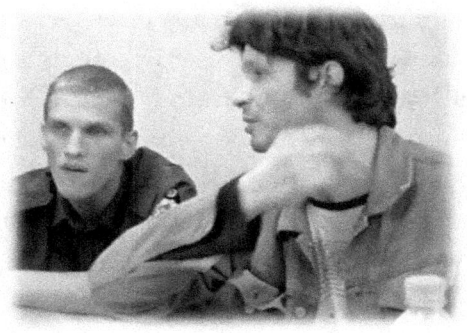 particular, e incluso Nerón escribía poesía, pero no podríamos definirlo un poeta, por lo cual, me parece, no hay ejemplos en tal sentido. ¿Y un músico? ¿Un *bluesman*, un jazzista, un rockero? Sí, hay ejemplos, desde Sid Vicious que mata a puñaladas a su novia Nancy a los conflictos a balazos entre las bandas de gansta rappers como Tupac Shakur y *Notorious B.I.G.*

Bertrand Cantat, el cantante de *Noir Désir*, es poeta, músico rock y asesino. Poeta desgarrador, músico inspirado y asesino brutal. ¿Cómo es posible esto? En las novelas policíacas de Augusto De Angelis, que escribía en los años '30, hay un comisario, Di Vincenzi, un tipo extraño, que adora escuchar música "transgresora, perversa y negroide", como entonces se definía al jazz, prohibido durante los años del fascismo, que ante cada homicidio se plantea la misma pregunta. Sí, descubrir quién ha sido es importante, pero en el fondo cuenta muy poco. Lo que importa, el verdadero misterio, es el del espíritu humano. ¿Qué se esconde allí dentro? Porque desde el punto de vista de la novela, de entender quién ha sido, en el caso específico del homicidio de Marie Trintignant no hay nada que descubrir.

Todo comienza en 27 de julio de 2003, en un hotel de Vilnius, la capital de Lituania. *Domina Plaza*, tercer piso, habitación 35. Marie está en la cama, cubierta hasta la cabeza. Su hermano Vincent está allí, en la otra habitación de la suite, con Bertrand, el prometido de Marie. Son las cuatro de la mañana y Bertrand ha llamado a Vincent, que llega inmediatamente. Él y Marie habían discutido, un pleito feo, terrible, han pasado de las palabras a los golpes, pero ahora Marie está durmiendo en la cama. Vincent se asoma y sí, Marie está en la cama y parece tranquila, allí en la penumbra. Pero luego llega el sol, en Vilnius el mes de julio es fresco, pero la luz es propia del verano, y cuando ilumina la habitación, nota que Marie no está tan tranquila como pensaba. Duerme, pero el suyo no es un sueño natural, está mal, y sobre todo tiene terribles marcas en el rostro, cortes, arañazos, está tumefacta, y tiene la nariz inflamada. Vincent llama a una ambulancia que la lleva al hospital de Vilnius, donde Marie es reanimada de urgencia.

Marie es Marie Trintignant, hija del actor Jean-Louis Tringignat y de la cineasta Nadine Marquand. Marie también trabaja en este ámbito, es actriz, tiene cuarenta años y ha realizado muchas películas para el cine y la televisión, ha trabajado con Claude Chabrol y Ettore Scola, siendo muy conocida en Francia. Y no solo es conocida, sino también amada. Tímida, reservada, melancólica, bella sin ser bellísima, al verla se entiende de inmediato que es una persona frágil e increíblemente sensible, casi indefensa. Pero no es débil ni pasiva: toma postura, y con pasión, sobre las cosas que no le gustan. Está en contra de la guerra en Irak, contra Bush, a favor de la paz, de las mujeres, de los derechos civiles y por ello la aman.

Marie llega al hospital de Vilnius a las 7:30 de la mañana. Está en coma y su condición es grave. Allí recibe los primeros auxilios, pero los médicos no logran sacarla del coma. Entonces es trasladada a Francia, donde sufre dos intervenciones. La opera un mago de la cirugía, el doctor Delajoux, que al salir del quirófano por última vez emite ante la prensa una declaración resignada:

-Para Marie –dice-, no hay ya esperanza alguna. Por desgracia, está en un estado donde no existe sufrimiento. Las horas de Marie Trintignant están contadas.

Es verdad. Marie muere poco después, el 1° de agosto, de un edema cerebral. Y en ese momento Bertrand, encerrado en la prisión de Vilnius desde aquella mañana del 27 de julio, se convierte en asesino.

También Bertrand Cantat es muy apreciado, y justamente esta es una de las características de esta historia. Los protagonistas, la víctima y el asesino, son personajes particulares, no porque sean ricos y famosos, no porque sean VIPs, sino porque son amados, en el sentido más intenso de la palabra. Bertrand Cantat es el *frontman* de Noir Désir. Que a su vez no solo son Noir Désir, no son tan solo una banda que desde Bordeaux ha escalado las listas de popularidad francesas con un millón de discos vendidos por álbum. Son los *Noir Dés*, cuyas canciones se escuchan en los *walkmanes* y en los diarios de millones de adolescentes, cuya música ha servido de banda sonora a las inquietudes, las melancolías y la rabia de muchas personas en Europa. Y él, Bertrand, cuarentón como Marie, atractivo como ella sin ser un Adonis, es el alma de todo esto. A medio camino entre Léo Ferré, Jacques Brel y Michael Stipe de R.E.M. , entre Lautréamont y Maiakovski, Bertrand es un poeta de la inquietud, capaz de larguísimas baladas literarias como de veloces y arrebatadísimas canciones cuasi *punk*. *Le vent nous porterà*, el viento nos llevará, se llama el sencillo que les da a conocer a nivel internacional, y en la guitarra, acompañando a Bernard en una balada simple e intensa, está Manu Chao. Porque también Bernard está muy comprometido políticamente, y es también amado por ello. Opuesto al *Front National* de Le Pen, a favor de los *sans papiers*, los inmigrantes clandestinos sin documentos, contra el racismo y a favor del movimiento *no global*. Es muy querido, es adorado, es un poeta. Y ahora se arriesga a quince años de prisión por homicidio. Por haber matado a Marie.

Marie y Bertrand llevan juntos poco más de un año. Están en Vilnius porque ella está grabando una película: interpreta a la escritora Colette bajo la dirección de su madre, Nadine. El 27 de julio de 2003, casi a los dos de la mañana, regresan al hotel. Han estado paseando con los demás festejando el último día de grabación y han bebido bastante los dos. Domina Plaza, tercer piso, habitación 35. Le llega a Marie un mensaje al celular y Bertrand lo ve. No es un mensaje particular, sino que va dirigido a "mi pequeña Janis", el personaje que Marie acaba de interpretar antes de ir a Vilnius, y es un mensaje de Samuel Bencherit, el director de la cinta Janis y John, pero en especial es el ex marido de Marie. Acaba de separarse de él y ahora está con Bertrand, pero la relación con Samuel ha quedado en buenos términos y Bertrand está celoso. Lo que sucede después lo narra Bertrand.

Discuten mucho, tan así que un cliente del hotel va a tocarles la puerta de la habitación porque hacen demasiado ruido. Bertrand abre la puerta, se disculpa, luego vuelve al interior y retoman la discusión. Marie se pone "histérica", dice Bertrand, entonces él la abofetea cuatro veces, dejándole marcas en el rostro, pues tiene los dedos llenos de anillos. Marie cae y se golpea en la cabeza, pero al momento no parece haberse lesionado. Se va a la cama. Bertrando todavía está alterado por la discusión, llama al hermano de Marie que está en un hotel cercano y también él no se da cuenta de nada, hasta la mañana siguiente. Entonces llega la ambulancia y de ahí al hospital. Marie está muerta, pero él no quería matarla. Ha sido un accidente, una tragedia, y no lo deja indiferente, como demuestran sus intentos de suicidio, obligando a las autoridades de Vilnius a mantenerlo bajo continua vigilancia en la enfermería de la prisión.

También la autopsia y el informe del médico forense narran lo sucedido, pero de otro modo.

Discuten, y Bertrand golpea a Marie, pero no la abofetea cuatro veces, sino que la golpea en todo el cuerpo, le rompe la nariz, la tira al suelo y la golpea en el rostro, tantas veces y tan fuerte que estos golpes terminarán matándola. Al momento de agredirla, según el examen toxicológico, Bertrand era presa de un coctel de heroína y anfetaminas, un terrible *speed* al que se le agrega todo el alcohol que había bebido. Y antes de pedir ayuda ha esperado al menos seis horas, pudiendo ser salvada Marie en ese lapso.

El tribunal de Vilnius da peso a las periciales, pero cree también en Bertrand, y lo condena a ocho años de cárcel por haber provocado la muerte de Marie sin desearlo.

Así termina esta historia policíaca, pero según el comisario de Vincenzi el verdadero misterio comienza aquí. Y ya no se indaga más en las aulas de los tribunales, sino en el Internet, en los blogs, en los foros y en los sitios de Noir Dés, en los periódicos, en las cartas de los seguidores, donde se preguntan: "¿podremos todavía escuchar su música?" o de quienes mandan mensajes de apoyo a Bertrand, "de cualquier modo siempre serás uno de los nuestros". Drama de la droga y del delirio, locura, maldad, violencia e inquietud, traición de los buenos sentimientos, la mitad oscura que se oculta en cada uno de nosotros, incluso en los más sensibles, en los poetas, la degeneración de una música corrompida y de un estilo de vida irresponsable, la inmadurez, el destino, la casualidad.

No hay una respuesta. No por nada al comisario De Vincenzi le interesaba el misterio del corazón humano, pero al final de las novelas en la cual era protagonista lo que hallaba era tan solo el nombre del culpable. Ni siquiera él lograría descubrir qué sucede dentro cuando un poeta se vuelve un asesino.

¿MATÓ EL GUASÓN A HEATH LEDGER?
Nueva York, 22 de agosto del 2008

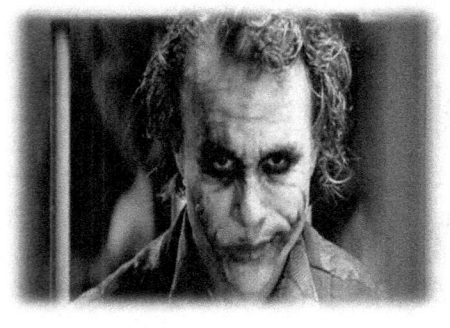

La casa es un bello apartamento con un jardín tan verde que ni siquiera parece que se está en Nueva York. Pero sí, estamos en el corazón de Manhattan, en el SoHo, en Brome Street. Lo llaman *loft*, pero en realidad no es ni una habitación amplia de tipo industrial ni un estudio de estilo bohemio, como por lo común hace pensar el vocablo: es un apartamento, grande y bastante hermoso, porque allí habita un joven actor rico y famoso. Si no fuera por la privacidad que obsesiona a cualquiera que realiza su oficio, su nombre estaría en el listín del acceso. Es Heath Ledger.

Alguien como él, rico, famoso y artista, cuando no trabaja por lo común duerme hasta tarde. Heath está grabando una cinta, tiene un papel protagónico en *El imaginario mundo del Doctor Parnassus*, de Terry Gillian, pero ese martes no debe llevar la ropa del payaso que interpreta en esos días. La primera cita es a las tres, con una chica que se llama Diane Lee Wolozin, y es una cita muy relajada, porque Diane es una masajista. También la doméstica que le asea la casa llega a esa hora y encuentra a Diane en la puerta. Sin embargo, hay algo que no está bien. Porque Diane ha tocado varias veces, pero Heath no ha abierto la puerta. La doméstica tiene las llaves, y las usa para entrar. Llama al señor Ledger, también lo hace Diane, pero nadie responde. Y, sin embargo, está en casa, se intuye por lo que ha dejado al pasar, y la doméstica conoce bien la casa.

Al fondo de la habitación hay una cama, y el señor Ledger está allí. Extendido entre las sábanas, completamente desnudo, y aunque *Empire Magazine* lo ha elegido entre los cien hombres más sexys del mundo, no es un gran espectáculo, porque de inmediato entiende que está muerto.

La policía llega a las 15:33, siente minutos después de haber llamado al 911. También llegan los paramédicos de la ambulancia, que buscan reanimar a Heath, como en los capítulos de ER. Solo que esto no es un *set* de grabación, es la realidad. Dicen los enfermeros: "lo estamos perdiendo", porque saben que ya no hay nada que hacer. Vuelven a probar durante tres minutos y luego, a las 15:36, declaran el deceso.

El martes 22 de agosto del 2008 las agencias de noticias lanzan la noticia: "hallan muerto en su apartamento al actor Heath Ledger", especificando que se trata del protagonista de *Secreto en la montaña*, el *cowboy* homosexual de la cinta de Ang Lee, candidato al Oscar por la mejor actuación. Aunque apenas tiene veintiocho años, actúa desde hace tiempo y ha realizado varios papeles: *El patriota* con Mel Gibson, *Corazón de caballero* de Brian Helgeland y *Mi historia sin mí* en el papel de Bob Dylan. Heath Ledger todavía no es reconocible inmediatamente para el gran público.

¿Pero qué le ha sucedido? El forense de Nueva York realiza la autopsia pocas horas después de la llegada de Heath al hospital, luego se toma un poco de tiempo para reflexionar y el 6 de febrero emite el informe. *Mr. Heath Ledger died as the result of acute intoxication*, "el Sr. Heath Ledger murió como resultado de una intoxicación aguda" provocada por los efectos combinados de la oxicodona, la hidrocodona, el diazepán, el temazepán, el alrazolán y la doxilamida. Todos son somníferos y ansiolíticos. En resumen, una sobredosis de psicofármacos que le ha provocado una crisis cardíaca a las 14:45 horas de ese martes por la tarde, poco antes de que llegasen la doméstica y la masajista.

Cuando alguien como Heath, joven, atractivo, rico y famoso, muere así, de repente, todos comienzan a formular hipótesis, a preguntarse por qué sucedió todo.

Un accidente, demasiados fármacos mezclados juntos con ligereza, como sucede a quien abusa de ellos y, de hecho, la larga lista de medicamentos hallados por el forense en la sangre de Ledger es legal y regularmente prescrita por el médico, aunque con otra posología.

O bien un accidente, como dice un amigo de Heath que destaca lo deprimido que estaba por el divorcio de su esposa, también una joven actriz, bella y famosa, Michelle Williams, conocida en el set de la cinta de Ang Lee. Corre el rumor que Michelle quería impedirle ver a la pequeña hija por haberse vuelto demasiado dependiente de la droga, y surge también un viejísimo video privado grabado en una habitación de hotel durante una fiesta en la que circulan bastantes cosas. Pero la familia y los amigos de Heath desmienten todo, el video tiene ya varios años, no se ve nada de droga, y no basta para nutrir la locura de los rumores la coincidencia que haya sido grabado en el Chataeu Marmont de Los Ángeles: la residencia en donde, en el bungaló número 3, fue hallado John Belushi, fulminado también por una sobredosis, en 1982.

Luego, de repente, llega otra hipótesis, mucho más inquietante. La de un homicidio. Y entre los homicidios que puedan imaginarse, este sería sin duda uno de los más extraños.

Al inicio la policía se plantea algunas preguntas. Porque la masajista, Diane, no bien descubre a Heaht en la cama llama de inmediato a una amiga suya llamada Mary Kate Olsen, y no al 911. Lo hace desde el teléfono de Heath en tres ocasiones entre las 15:17 y las 15:24. ¿Por qué? Porqué está asustada, es el señor Ledger quien ha fallecido, un tipo particular, rico y famoso. Diane es presa del pánico y llama a alguien, y junto a los agentes del 911 también llega un guardia privado al que Mary Kate ha avisado de inmediato, y Diane vuelve a llamarle, a las 15:36 para decirle que no hay nada que hacer y que Heath está muerto. En resumen, nada extraño, y Diane no es ni siquiera investigada por omisión de ayuda al no haber llamado rápidamente al 911.

Nadie es investigado en relación con la muerte de Heath Ledger. Y, de hecho, la policía no puede hacerlo, porque el asesino de Heath, según la hipótesis inquietante de un homicidio, no sería una persona real, sino un personaje imaginario.

El Guasón, el enemigo jurado de Batman.

Antes de endosar el traje del payaso en la cinta de Gilliam, Heath Ledger había llevado la vestimenta alucinante y espantosa de uno de los criminales más feroces de Ciudad Gótica, y había tenido su mueca roja pintada sobre la cara blanca, desfigurada por el accidente que lo había hecho enloquecer, en la cinta *El caballero oscuro*, de Christopher Nolan, terminada de grabar a fines del 2007.

No había sido fácil, y Heath mismo lo narró en una entrevista. Hay una vieja técnica que enseñan en el *Actors Studio*, el instituto donde estudiaron vacas sagradas de la actuación como Marlon Brando y Robert De Niro, que consiste en meterse totalmente en el personaje. Para lograrlo, Heath pasó un mes a solas en un hotel leyendo novelas y viendo películas de terror. No debía *fingir* ser un psicópata asesino como El Guasón, debía *serlo*, moverse como él, pensar como él, hablar como él. Lleva también un diario en donde anota sus pensamientos, pero no los de Heath Ledger, sino los de El Guasón.

Heath es un actor, no es que luego de la película saliera vestido como El Guasón a matar de verdad a la gente, pero el esfuerzo de tal interpretación tuvo un costo emotivo y psicológico, como él mismo lo declara. Ya antes usaba psicofármacos, ahora todavía más, porque no logra dormir, no lograr apagar el cerebro, y entonces comienza a desequilibrarse. Hasta que muere.

¿Será verdad? ¿Habrá sido El Guasón quien mató, aunque indirectamente, a Heath Ledger?

Probarlo es imposible. Pero, entre tanto, algo ha sucedido. Otra cosa que dirige toda esta historia al plano increíble de lo imaginario.

Cuando muere, Heath Ledger estaba grabando la película de Terry Gilliam, amigo del actor y quien no consintió en retirarlo y sustituirlo por otro. Así, cambió el guion, el personaje de Heath conserva su semblante en las escenas ya grabadas y en las faltantes, gracias a un espejo mágico, tiene otro cuerpo y otro rostro, prestado por otros actores, todos amigos suyos, en una especie de homenaje. Así, como ya sucedió con Brandon Lee, muerto durante la grabación de *El cuervo* y resucitado por computadora, Heath continúa actuando incluso ya muerto.

Y es justo. Si un personaje imaginario mató a Heath Ledger, al menos que siga viviendo como personaje imaginario.

SIMPATÍA POR EL DIABLO

LA CURVA DEL MUERTO Y LA COLA DEL DIABLO
Rigolets, Luisina, 28 de junio de 1967

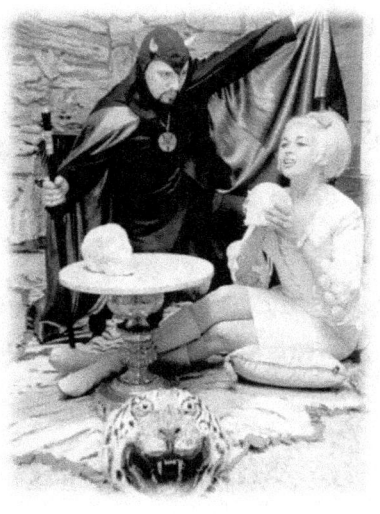

Sobre la *Old Spanish Trail*, la Estatal 90 que atraviesa Luisiana hasta Nueva Orleans, a poco más de kilómetro y medio al oeste de la localidad de Rigolets, hay una curva muy fea, llamada *dead man's curve*, la curva del muerto. No se ve nada desde el otro lado, la carretera es estrecha y también oscura, son las 2:25 de la mañana del 28 de junio de 1967. Al volante va Ronnie, un chico de veinte años con licencia recién estrenada, cansado y quizá también distraído por traer con él nada menos que a la bomba sexual de aquellos años, la bellísima y sensual Jayne Mansfield, que con su cuerpo imponente mostrado en películas como *Kiss Them for Me* (1957) y *Too Hot to Handle* (1960) turba los sueños eróticos de los estadounidenses, incluido Ronnie. ¿Será por eso que no ve aquel enorme camión que va delante? Quizá también el conductor va cansado, o quizá también él está pensando en el cuerpo de Mansfield en un póster pegado en la ventanilla; el caso es que aquel Buick Electra del '66 se impacta a noventa kilómetros por hora bajo la cisterna de aquel camión cargada de insecticida. El golpe arranca casi de cuajo la parte superior del Electra, matando al instante a Ronnie y también a Sam Brody, el novio de la actriz, que iba en el asiento frontal con ellos. También muere el pequeño chihuahua que llevaba Mansfield en los brazos. Detrás van sus tres hijos, que por fortuna no sufren lesiones.

También Jayne muere en el acto. *Avulsion of cranium and brain*, se declara en el certificado de defunción expedido por el estado de Luisiana, "desprendimiento del cráneo y del cerebro". Pero no solo este detalle macabro vuelve la muerte de Mansfield un argumento de culto para los apasionados de las emociones fuertes. Porque entre los presuntos responsables del accidente, junto al conductor del camión, al pobre Ronnie y también al estado de Luisiana por tener en tan mal estado sus autopistas, está un imputado de excepción: el Príncipe de las Tinieblas, Satán en persona.

Jayne Mansfield es una actriz. Los actores radican en Hollywood, y tal como se intitulan un par de libros del cineasta Kenneth Anger, Hollywood es una Babilonia, especialmente en esos años. Los actores y las actrices se involucran en todo tipo de conductas: escándalos sexuales, drogas, homicidios, extraños suicidios. Muchos de ellos son muy devotos. Van seguido a una iglesia, la *Satanic Church* de San Francisco, la Iglesia de Satán fundada por Anton Szandor LaVey.

En realidad, su nombre no es ese. Se llama Howard Stenton Levey, y no ha realizado todos los oficios que pregona en su autobiografía: domador de leones en un circo o fotógrafo de cadáveres para el departamento de policía de San Francisco. Tampoco es verdad que nació con cola, retirada después quirúrgicamente. Pero de que es el "papa negro" de la secta satánica más famosa y difundida, eso sí es verdad.

Quizá fue la pasión por el órgano que tocaba en las iglesias, un instrumento sacro y también muy inquietante, pero LaVey comienza a interesarse en el ocultismo desde los años '50. Su primer encuentro con el Príncipe de las Tinieblas lo tuvo a través de las teorías del ocultista inglés Aleister Crowley, el fundador de la *Ordo Templi Orientis* y de la Abadía de Thélema, quien también aparece misteriosamente entre el grupo de personajes de la cubierta del álbum *Sgt. Peppers Lonely Hearts Club Band* de los *Beatles*. Luego, LaVey se encuentra con el cineasta *underground* Kenneth Anger, el autor de *Hollywood Babilonia*, y juntos fundan una secta, el *Magic Circle* (Círculo Mágico), que luego, en 1966, se convertirá en la Iglesia de Satán en San Francisco.

Es una iglesia extraña: tiene sus ritos satánicos, una misa negra rigurosamente codificada que prevé prácticas de magia sexual, e incluso una Biblia satánica escrita por el "papa negro" en persona, aunque él mismo no cree en el Diablo. Cree en el "potencial humano" liberado del sentimiento de pecado cristiano y capaz de vivir plenamente la vida según el principio fundamental del egoísmo, no del amor, el cual trae infelicidad. Satán no existe, es un símbolo, y se le debe honrar como tal.

LaVey es muy irónico, como cuando inserta en su religión los cinco principios del "gatismo", la filosofía de los gatos: no corras si puedes caminar, no camines si puedes estar de pie, no estés de pie si puedes sentarte, no te sientes si puedes acostarte, no estés despierto si puedes echarte una cabeceada. Pero también es muy brillante y dotado de un carisma seguro, con su cráneo completamente afeitado, la barbilla mefistofélica y la mirada diabólica. Su iglesia satánica tiene un enorme éxito en aquellos años tan rebeldes e inquietos y en un lugar tan inquieto y rebelde como la California de los años '60. Y en particular en Hollywood Babilonia, donde florecen los rumores de quienes forman parte de ella. Jayne Mansfield, por ejemplo, que no solo era adepta, sino también sacerdotisa. Y también la actriz Kim Novak, el cantante Sammy Davis Junior, que forma parte del clan de Frank Sinatra, el actor Bobby Beausoleil, y en algunas ocasiones se llegó a ver por allí a Richard Burton, Onassis y Maria Callas. También Marilyn Monroe tendría su historia con LaVey. Chismorreos, voces, rumores, a veces completamente infundados y a veces no, pero que lo vuelven el "papa negro". Tan así que cuando Roman Polanski graba en 1968 *La semilla del Diablo*, una de sus películas más bellas y terroríficas que tiene como objeto una historia de sectas satánicas, LaVey es llamado como asesor. La cinta está tomada de una novela de Ira Levin y narra la historia de una mujer, Rosemary, que en el *film* es interpretada por una bella y frágil Mia Farrow. Rosemary vive en Nueva York y espera un bebé. ¿Pero cuál es el problema, y por qué esta no es tan solo una bella historia de amor materno? Porque el niño ha sido prometido a una secta satánica de la cual la pobre Rosemary está inconscientemente rodeada. Cinta magnífica, muy diabólica como parte del cine de Polanski, "de miedo", que espantó a mucha gente y que involuntariamente entra en las leyendas negras de Hollywood. De hecho, hay un tipo extraño llamado Charles Manson: vive en el desierto de California con su comuna, llamada "La Familia", rodeado de *hippies* extraños saturados de LSD y quien dice ser el Diablo. En 1969 sus adeptos realizan un par de incursiones en las residencias que rodean a Bel Air y masacran a todos sus ocupantes. E irrumpen también en la residencia de Polanski y exterminan a la esposa del director, Sharon Tate, junto a todos sus invitados. Eso pasa, dicen algunos, por bromear con el Diablo…

Nada tienen que ver con LaVey y su iglesia, pero las masacres de Bel Air encienden los reflectores sobre las sectas de inspiración satánica, llamando la atención de los medios, de la opinión pública y de la policía. Nadie quiere o es capaz de hacer distinciones entre el satanismo *ácido* de los grupitos tipo Manson, las sectas esotéricas, los movimientos filosóficos y las iglesias como tales. Para la gente todos son *fucking Devil worshippers*, malditos adoradores del Diablo. También la Iglesia de Satán de San Francisco sufre críticas y escisiones, calando las adhesiones ilustres, porque tener algo que ver con Satanás se ha vuelto más bien embarazoso, sobre todo para un actor.

Quién sabe qué dijo Jayne Mansfield tras las masacres de Bel Air. Quién sabe si habría seguido cubriendo sus formas sensuales con el manto negro que los rumores de Hollywood Babilonia le atribuían. La "curva del muerto" de la estatal 90 la mató unos años antes. Las malas lenguas de Hollywood llegan incluso a decir que no fue una casualidad y que el accidente fue provocado por LaVey, pues Jayne quería dejar la secta, instigada por el novio que se sentaba junto a ella al momento del accidente.

Objetivamente es difícil.

Es mucho más fácil pensar que quien metió la pata, o más bien la cola, fue propiamente el Diablo.

UNA NUBE DE CABELLOS RUBIOS
Sussex, Inglaterra, 2 de julio de 1969

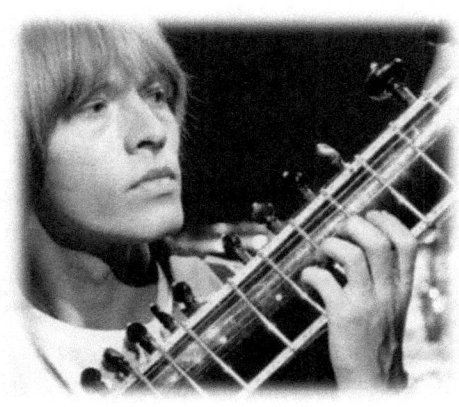

Death by misadventure (muerte accidental) parece ser el tributo a pagar por una vida desventurada, toda ella genio y despilfarro. John Belushi, Sid Vicious, Janis Joplin, Elvis Presley, fulminados por algo apresuradamente archivado como "sobredosis de", "arritmia provocada por", "asfixia causada por", y luego una serie de nombres de caja fuerte farmacéutica extraídas del repertorio toxicológico. Muertes accidentales, infortunios, algunas enturbiadas por la sospecha de una insoportable voluntad de acabar con todo, otras elevada al rango de una resurrección, con las víctimas vistas por alguien en una isla desierta, bajo falso nombre. Sobre otras, por el contrario, pesa la sospecha de algo diferente. Que no son tan accidentales como parecen. Que en lugar de *death by misadventure* en el informe forense debería haberse escrito *death by murder*, muerte por homicidio. Una de estas, según algunos, es la muerte de Brian Jones.

Vayamos al lugar de los hechos, como lo hiciera un inspector, desde donde partir, en la villa de Hartfield, en Sussex, a un centenar de kilómetros al sur de Londres. La residencia se halla en un predio llamado *Cotchford Farm* y pertenecía a un escritor infantil, A. A. Milne, el creador de *Winnie The Pooh*. Todavía existen los personajes de los libros esparcidos por el jardín, y es extraño, es uno de los fuertes contrastes que los autores de novelas policíacas usan para ambientar sus historias, porque en el fondo de la alberca hay un hombre que difícilmente se podría imaginar absorto en la lectura de las aventuras del osito Winnie. Es un músico, un guitarrista que se llama Brian Jones.

Si el Diablo en persona se hubiera cansado de tocar el *blues* del Delta del Misisipi y hubiera decidido trasladarse a la *swingin' London* de principios de los años '60, quizá habría elegido de entre las bandas del momento a los *Rolling Stones*. Y seguramente, de entre los *Stones*, habría elegido ser Brian Jones. No el histriónico Mick Jagger o el gélido Charlie Watts, sino el genial, inquieto e insoportable Brian Jones. Y esto, desde el punto de vista de un rockero, no es una crítica, sino un elogio.

Mayo de 1962. Un chico de veinte años de rostro circular y un casco de cabello rubio que parece esculpido en madera pone un anuncio en el *Jazz News*, un periódico musical de Londres. Busca músicos para crear una banda de *blues* estilo Chicago, que suene como Muddy Waters, del cual es admirador, es más, un seguidor, lo considera el mejor intérprete de *slide guitars* de toda la ciudad. Brian escribe su anuncio y comienza a reunirse con algunas personas que quieren tocar con él. Con algunos no funciona, con otros sí, y al final quedan él, un tipo extrañísimo, de aire muy sensual, que canta con tonos altos y se llama Mick Jagger, un guitarrista que toca al estilo Chuck Berry y se llama Keith Richards, un bajista, Bill Wyman, y un baterista, Charlie Watts. El nombre del grupo lo toman de una estrofa de una canción de Muddy Waters: *"he's gonna be, he's gonna be a rollin' Stone / sure 'nough, he's a rollin Stone / sure 'nough, he's a rollin' Stone…"*.

Al inicio tan solo son uno de tantos otros grupos que animan la escena musical inglesa. Luego quedan dos, ellos y cuatro chicos de Liverpool que se hacen llamar *The Beatles*. Quizá en ese punto el Diablo debió pensarlo un poco sobre los *Beatles*, más refinados y limpios, pero ambiguos también ellos, y luego se habría quedado con los *Stones*. Y también esto, desde el punto de vista de un rockero, es un halago.

2 de julio de 1969. Brian Jones está en el fondo de la piscina, en traje de baño, casi sentado, los brazos abiertos como en cruz y los cabellos rubios que flotan alrededor de su cabeza. ¿Cómo terminó así? *Death by misadventure*, dice el inspector. Estaba nadando en la piscina, de noche, cuando se sintió mal y se ahogó. ¿Y por qué se sintió mal?

Porque estaba ebrio, había mezclado vino y brandy. Pero en particular porque estaba saturado de ansiolíticos. Estaba drogado.

Entre los *Stones*, que también tienen un carácter excéntrico, Brian Jones es el más extraño. Es uno de los miembros de la banda más creativos y carismáticos, y durante los conciertos compite en el palco con Mick Jagger. Pero también es extraño. Sensible, dulce, de repente cambia, como si tuviese una doble personalidad. Se vuelve arrogante e insolente, pleitea con los amigos, trata muy mal a las mujeres, sometiéndolas a una continua violencia psicológica. Y no solo eso. Ello se debe a su falta de autoestima, dicen quienes lo conocen, sufre de inseguridad al límite de la paranoia. Por ello bebe mucho y se droga. Lo hacen también los demás miembros de la banda, que terminan con frecuencia en tribunal y en las páginas de los tabloides, pero con mayor frecuencia Jones. Discute con todos, pierde a la novia y se hace expulsar de la banda. Es el 9 de junio de 1969. Brian Jones abandona a los *Rolling Stones* y su puesto es ocupado por Mick Taylor.

Cuando en la mañana del 2 de julio los policías de la estación de East Grinstead llegan a *Cotchford Farm* junto con la ambulancia, hallan a Brian Jones tendido sobre el prado junto a la piscina, con una mujer que le está practicando la respiración artificial y un hombre ocupado en un masaje cardíaco. Pero no hay nada que hacer. Brian está muerto.

¿Qué sucedió?

Esa noche, Brian había peleado nuevamente con todos. Luego de haber dejado a los *Stones* se retiró a *Cotchford Farm*, donde parecía que intentaría comenzar de nuevo. Nuevas ideas para un nuevo proyecto musical, nuevo grupo, nueva chica. Y también una casa nueva, porque en la villa hay un grupo de trabajadores que la está restructurando, bajo la guía de un hombre de cuarenta y cuatro años, Frank Thorogood, que se ha acomodado en un departamento encima del garaje. Brian ha discutido con él esa noche. Por la tarde hubo un accidente en la cocina: una viga había caído y por poco termina en la cabeza de Anna, la nueva novia. Brian había explotado y, con su acostumbrada violencia, había recriminado a Frank todo lo que no funcionaba. Había pedido revisar todas las cuentas, había amenazado con despedirlo, luego se había encerrado con Anna en la recámara, mientras los obreros habían retomado el trabajo. Anna logró calmarlo y convencerle de hablar nuevamente con Frank, que se había quedado muy molesto con esa discusión. Adelante, platiquemos. Hacia las diez de la noche Brian llamó a Frank para invitarle a beber algo, nadar un poco en la piscina y luego, ya más tranquilos y relajados, aclarar las cosas. Frank acepta.

Es una velada cálida y húmeda, aunque comienza a hacerse tarde. En la villa están Brian y Frank, Anna y también Janet, una amiga de Frank. Han bebido todos, y la charla no es tan tranquila como debía serlo. Brian está agresivo y petulante, quizá necesita calmarse de nuevo, mejor tirarse un clavado en la piscina para relajarse, bajo la luna. Janet se queda en casa y los demás salen por la parte posterior de la villa. Janet se sienta en el borde de la piscina, mientras Frank y Brian se lanzan al agua. Brian bromea como un niño. Salpica a Frank, lo llama viejo, se le sube encima y lo hunde. Frank no la toma bien, aferra a Brian, lo hunde y le hace beber agua. Cuando Brian reemerge tose y se ríe, como si se divirtiese. En ese momento, Janet, desde la residencia, llama a Anna. La buscan en el teléfono. Anna se levanta y se aleja. Es un amigo que desea saludarla, Anna habla un rato con él, luego escucha gritos desde el jardín, en la piscina: Frank la llama. Algo le ha sucedido a Brian. Anna suelta el teléfono, corre a la piscina y ve a Brian en el fondo, casi sentado, con los brazos abiertos en forma de cruz, flotando en una nube de cabellos rubios.

Según Frank, Brian se sintió mal y se alejó. Había salido del agua cuando Anna se había retirado. Quería fumar un cigarrillo, y cuando se dio la vuelta vio a Brian en el fondo. Y así, Anna halla a Frank, al borde de la piscina, mientras intenta encender un cigarrillo con las manos temblorosas, incapaz de hacer nada debido al shock.

Según Anna, las cosas sucedieron de otro modo. Frank mató a Brian mientras ella no estaba. Ésta se lanzó a la piscina para sacar a Brian y luego, mientras intentaba reanimarlo, Frank le había pedido que no lo involucrara en la historia, que le dijera a los policías que él no tenía nada que ver y mientras lo decía estaba *cold as ice*, frío como el hielo. Así lo describe Anna en un libro que se llama *The murder of Brian Jones* (el asesinato de Brian Jones).

Pero también hay otra hipótesis, tomada también de otro libro, *Blown Away: The Rolling Stones & the death of the sixties*, escrito por A. E. Flotchner. Hay dos personas que dicen haber pasado por allí mientras sucedía "el accidente". Una se llama Nicholas Fitzgerald, amigo de Brian y que también escribirá un libro, *Brian Jones: The inside story of the original Rolling Stones*. Fitzgerald va a visitar a Brian junto con un amigo hacia las once de la noche. Ven encendidas las luces de la piscina, por lo que pasan por detrás y cuando todavía están en medio del bosquecillo se dan cuenta que alrededor de la piscina hay tres hombres vestidos de trabajadores y otras dos personas a poca distancia, un hombre y una mujer. No se entiende qué están haciendo, así que Fitzgerald y su amigo se van. Hotchner dice haber seguido a uno de los obreros, Marty, así se hace llamar, y este le cuenta lo que estaban haciendo alrededor de la piscina. Estaban manteniendo bajo el agua la cabeza de Brian, el cual luchaba desesperadamente. Querían darle una lección a ese "marica rico" arrogante, pero se les pasó la mano y escaparon. También hay una confesión, dice Hotchner, que el propio Frank Thorogood había hecho al momento de la muerte y en la cual admitía todo, pero la confesión nunca fue hecha pública porque sobre los hechos cayó un silencio impuesto por la oficina de relaciones públicas de los Stones, y en particular por el jefe de seguridad, un ex paracaidista de nombre Tom Keylock, el hombre que conectó a Brian con Frank y los trabajadores.

No son las únicas hipótesis y no son los únicos libros publicados en los Estados Unidos de Norteamérica sobre la muerte del inquieto fundador de los Rolling Stones. Por ahora, la versión oficial sigue siendo la del inspector: *death by misadventure*.

HELTER SKELTER Y
EL COMIENZO DE LA NUEVA ERA
Beverly Hills, California, 9 de agosto de 1969

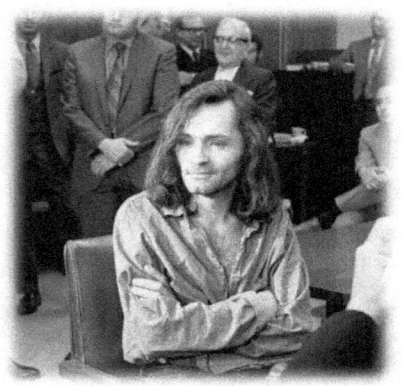

Hay una escena en la película *Asesinos por naturaleza* de Oliver Stone (1994) en donde Woody Harrelson pregunta a Robert Downey Jr. cómo salió su programa. Harrelson es un feroz asesino en serie, y Downey es el conductor de un programa de televisión muy popular sobre asesinos en serie. El ser tan especial ha pulverizado a John Wayne Gacy y a Ted Bundy. "¿Y Manson?", pregunta Harrelson. Downey hace una mueca. "Bien... Manson te gana".

-Sí –dice Harrelson, resignado-, imagino que es difícil ganarle al rey.

El rey. Y, sin embargo, Charles Manson no mató a nadie, al menos no directamente, y en cuanto a víctimas no puede superar las cifras de Andrei Chikatilo o Jeffrey Dahmer. ¿Entonces por qué sigue siendo en el imaginario colectivo uno de los personajes más conocidos, feroces e increíbles de la historia del crimen?

Hay dos razones. La primera es que las víctimas no solo son cifras estadísticas y un homicidio es siempre algo horrible que no puede pesarse o medirse. La segunda es que el caso de Charles Manson es el ejemplo más completo de cómo ciertos delitos pueden volverse un conjunto de sugestiones que salen de la crónica negra y se vuelven historia, e incluso cultura.

El lugar: Beverly Hills, el de las películas, las residencias de Bel Air. Hay una muy grande y bella que se llama Cielo Drive. Es el 9 de agosto de 1969, es de noche y hace un calor terrible. Todo está tranquilo. Salvo un ruido que podría parecer un disparo, pero es uno solo, y pensándolo bien no parece siquiera un disparo. Salvo un grito: "¡Oh, Dios mío!" pero que se apaga de inmediato y quién sabe de dónde viene. Salvo un perro que comienza a ladrar furiosamente, pero es solamente un perro. Los vecinos terminan de hacer lo que están haciendo y se van a la cama. Se apagan las luces. Alrededor de Cielo Drive todo es oscuridad, paz y silencio. Como en una película.

Al día siguiente, a las ocho de la mañana, llega el hombre que se ocupa de la casa. Intenta abrir el cancel que cierra el garaje de la residencia pero lo encuentra abierto de par en par. Nada extraño, esa noche la dueña de la casa había ofrecido una fiesta, y alguno de los invitados quizá olvidó cerrarlo. Entra por detrás, y allí hay algo todavía más extraño, más que en una película. Los cables del teléfono están arrancados, y los aparatos de la cocina no dan señales de vida. El hombre entra, observa salpicaduras de sangre por doquier, cada vez más grandes y cada vez más espesas, charcos enteros sobre el suelo. Luego encuentra al primer muerto. Sale corriendo de la casa, hacia el garaje, donde hay un vehículo estacionado, y pasando a su lado se da cuenta que también hay otro muerto allí. Sigue corriendo, gritando, hasta la casa más cercana. Como en una película.

Los muertos de Cielo Drive son cinco, masacrados a garrotazos, puñaladas y disparos. La víctima más notoria es la dueña de la casa, Sharon Tate, joven y bellísima actriz, esposa de un famoso cineasta que se llama Roman Polanski, el de la cinta *El bebé de Rosemary*, uno de los directores más inquietantes y malditos de Hollywood. Y este es otro elemento, la notoriedad de las personas involucradas. Además de la brutalidad de lo que ha sucedido. Cuando fue asesinada Sharon, estaba embarazada de ocho meses. Alguien le puso una cuerda al cuello, la amarró al cuello de otra víctima y luego le asestó cinco puñaladas, más otras doce luego de que ya había muerto.

No termina aquí. Al día siguiente la policía halla otra masacre en una residencia cercana, la del matrimonio La Bianca, asesinados con veintiséis cuchilladas él y cuarenta y una ella. En las paredes de la casa se escribió con sangre: "Cerdos", "Muerte a los cerdos" y "Helter

Skelter", un juego de feria y el nombre de una canción de los *Beatles* incluida en el *White Album* un año antes.

Y hay todavía otro muerto, un profesor de música hallado en su casa, masacrado a puñaladas con la frase "cerdo político" escrita con su sangre en el muro.

Al principio todo es misterio. Los casos no vienen ligados inmediatamente, los alguaciles del condado y los detectives del departamento de policía de Los Ángeles tropiezan en la oscuridad, hablan de droga, de rapiña, de satanismo. Polanski, Peter Sellers, Yul Brynner y Warren Beatty ofrecen una recompensa de veinticinco mil dólares y, entre tanto, periodistas y escritores se deshacen lanzando sus propias hipótesis. Hay una de Truman Capote, el autor de *A sangre fría*, el inventor del *true crime*, que se dice seguro de que el asesino es un solo hombre, conocía la casa y que actuó por motivos pasionales: en la práctica, el vigilante. Totalmente equivocado.

Hay un sitio, en las montañas cercanas a Los Ángeles, que se llama *Spahn Ranch*. Era un set para películas del Oeste en los años '20, y ahora es una aldea fantasma polvorosa y decadente. Allí vive "La Familia", una comuna *hippie* cuyo guía espiritual es un extraño sujeto de ojos saltones llegado desde Cincinnati, Ohio, vendido tiempo atrás a cambio de una ronda de cerveza por la jovencísima madre alcoholizada y que ha pasado gran parte de sus treinta y cinco años en la cárcel por fraude, robo de vehículo, lesiones y violencia carnal. Se llama Charles Willis Manson.

"Una necesidad intensa de llamar la atención sobre sí mismo", "emotivamente inseguro", "tiende a involucrarse en temas variados de forma fanática", así lo describe el psiquiatra de la prisión en sus notas. Sus intereses son muchos: cienciología, budismo, disciplinas orientales, el potenciamiento de la mente y los *Beatles*. En la cárcel, Charlie aprendió a tocar la guitarra gracias a Alvin Karpis, único sobreviviente de la banda de gánsteres de Ma Baker. Charlie está convencido de que podría ser el quinto miembro de los *Beatles*.

En el *Spahn Ranch*, Charlie tiene sus seguidores, chicos y chicas jovencísimos, miembros de una banda de motociclistas que se hace llamar *Straigths Satans* y *hippies* de personalidad inestable que lo ven como un maestro de vida. Todos viven allí, saturados de LSD y excitados por las anfetaminas, escuchando las ideas de Charlie sobre el mundo. Y es que Manson tiene una teoría. Los negros están por hacerse del poder exterminando a todos los blancos. Pero como son inferiores no lo lograrán, y el mundo se volverá un infierno. Será el Apocalipsis, el Armagedón, el Juicio Final. Será el *Helter Skelter*, como dicen los Beatles: *"helter skelter, helter skelter, está llegando a toda velocidad"*. El *Helter Skelter* destruirá a la sociedad como es debido. La nueva era la comenzarán ellos, desde las residencias de Bel Air, matarán también a Frank Sinatra, Tom Jones, Steve McQueen y Richard Burton, escribirán "Helter Skelter" sobre la cara de Elizabeth Taylor. Se salvarán del holocausto racial ocultándose en el desierto del Valle de la Muerte, y volverán a salir en el momento justo para reconstruir el mundo. Habrá cinco ángeles. Uno será él. Los otros cuatro serán los *Beatles*.

Manson y "Familia" serán incriminados por un fiscal de distrito llamado Vincent Bugliosi. Se tarda varios meses, pero logra relacionar todas las pistas que conducen a la comunidad de Spahn Ranch, desde las huellas digitales a los testimonios y el arma delictiva, que es hallada en un almacén del condado, hasta la primera confesión de una de las chicas de Charlie, quien contó a dos detenidos cómo había matado a Sharon Tate y había saboreado la sangre que le había quedado en los dedos.

El proceso comienza en junio de 1970. En el estrado están Charlie y tres de sus chicas, Susan, Leslie y Patricia. Charlie no hace mucho para ganarse a la gente: grita al juez que querría cortarle la cabeza mientras sus chicas, de pie, cantan una canción en latín, para luego confesar que todas ellas habían ejecutardo las muertes pero que él no sabía nada. Ronald Hughes, "el abogado de los *hippies*", defensor de una de las chicas, se opone. Desaparece, y su cuerpo será hallado más tarde, atascado entre dos rocas, en el desierto. Aunque Charlie está en prisión, la "Familia" todavía sigue viva.

No basta eso. En enero de 1971 llega el veredicto. Charlie y sus chicas son considerados culpables y condenados a muerte, sentencia conmutada luego por cadena perpetua. Otros miembros de la "Familia" serán procesados y condenados en otros procesos por las masacres de Bel Air.

-Es mejor que cierren la puerta y cuiden a sus niños –dice Susan a los jurados mientras les es leída la sentencia.

Charlie Manson estuvo preso en Corcoran, California, en una sección de la prisión que es llamada "el agujero". Se tatuó una esvástica en la frente y siguió escribiendo canciones, algunas de las cuales luego serán interpretadas por *Guns'N'Roses*. Fue el detenido que más cartas recibió de todos los Estados Unidos de Norteamérica. La historia de Charlie y de su extraña "familia", más allá de las escenas de película, de los lugares y de los personajes de primera página, que acontece mientras Norteamérica combate en Vietnam, el mundo aterriza en la luna y toda una generación se moviliza, protesta, crece y cambia, es también la historia de las inquietudes más profundas, de la mitad oscura, de una parte del mundo y de su época.

Charles Manson muere en el hospital de la prisión el 19 de noviembre de 2017, sin habérsele concedido la revisión de su caso para concederle la libertad.

CUANDO SUENA LA MÚSICA DEL DIABLO
Livermore, California, 6 de diciembre de 1969

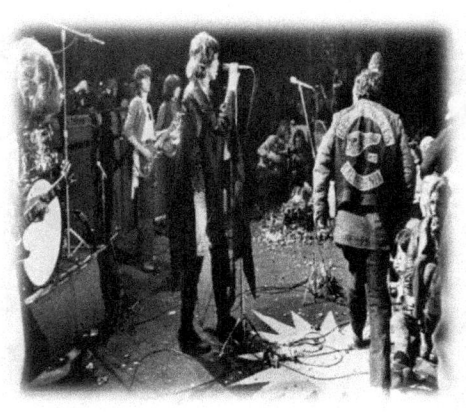

Es difícil hallar un delito extraño, morboso, feroz y sanguinario, cometido por una mente desequilibrada y mejor si es adolescente, que no sea recordado como influido por el Diablo o por alguna forma de satanismo. Jóvenes que entran armados a una escuela y se ponen a disparar a diestra y siniestra, asesinos en serie antropófagos, abusadores sexuales de menores o simples casos de aquel oscuro móvil que la prensa llama *raptus*: de un modo u otro, en alguna parte se sospecha la pata, o más bien, la cola del Diablo.

El libro de Frank Moorehouse *Satanic Killings* ofrece un panorama vastísimo, partiendo del presupuesto de que, en el fondo, matar en nombre del Diablo es tan solo matar en nombre de Dios. Y llega a una consideración importante: por lo común, aunque parezca increíble, aunque tan solo se le considere una superstición buena para sectas personales y plagiarios carismáticos, el Diablo y el satanismo no tienen gran cosa que ver, y más que ser causas desencadenantes de los sucesos criminales, sirven como pretexto para ocultar una desilusión diferente y más profunda.

Esto queda bien para el crimen. ¿Pero para la música? ¿De dónde surge esa simpatía por el Diablo? Y, sobre todo, ¿a dónde conduce? Porque no hay delito atroz en los Estados Unidos de Norteamérica, o en cualquier parte del mundo, donde suelan acontecer ciertas cosas, en donde la policía, los psiquiatras y los periodistas no hayan encontrado algo, por ejemplo, un CD de Marilyn Manson.

Pensemos que sea así. Que exista una música del Diablo que, si se le escucha, luego de un poco de tiempo alguien se vuelva un asesino en serie. ¿Cuál sería? Una vez se decía que dicha música del Diablo era el *blues*, luego llegó el *rock and roll*, el *rock*, el *heavy metal*, el *punk*, el *hard core*, los grupos que afirman fuerte y claro ser satanistas... ¿Qué canturrea el Diablo, allá en el infierno, cuando piensa en el ser humano? ¿*Stairway To Heaven* de *Led Zeppelin*? Cantada al revés, naturalmente. ¿O bien *Welcome To Hell* de *Venom*? ¿O una selección de canciones de *Antichrist Superstar* de Marilyn Manson?

No, si el Diablo silba algo al calor de las llamas infernales seguramente es una marcha alegre y ligera, precedida de un coro que parece imitar el silbido de un tren, y que se llama, para variar, *Sympathy For The Devil*.

Please allow me to introduce myself, I'm a man of wealth and taste (por favor permítanme presentarme, soy un hombre de dinero y clase...) La voz que canta es la de Mick Jagger, pero las palabras son de Satanás en persona, que cuenta a un paseante todo lo que ha hecho hacer al hombre en los últimos siglos, desde la Guerra de los Cien Años hasta el homicidio de Kennedy, pasando por la Revolución de Octubre y la Segunda Guerra Mundial. Habrá más todavía, pero la canción es de 1968, está en el álbum *Beggars Banquet* de los *Rolling Stones*, aunque se le han hecho muchísimos *covers*, desde Ozzy Osbourne hasta *Laibach*, llegando a *Guns'N'Roses*.

¿Pero cómo se le ocurrió a Jagger y compañía escribir algo así, de encontrar simpático al Diablo?

Ocurre que uno de los fundadores de los *Rolling Stones*, el oscuro y carismático Brian Jones, conoce en Londres a uno de los intelectuales más extraños, eclécticos y excéntricos, el cineasta y escritor Kenneth Anger. Anger es un precursor del *videoclip*, alguien que ya en aquellos años mezclaba de modo orgánico imágenes y música *rock*, volviéndola algo más que una simple banda sonora. Pero también es un estudioso de Aleister Crowley, considerado equívoca o correctamente, aunque más lo primero que lo segundo, el fundador del satanismo moderno.

Anger quiere grabar una película que se llame, nada más, *Lucifer Rising*, y los *Rolling Stones* entran así en el proyecto. Para el papel de

Satanás, Anger elige primero a un niño de cinco años que, sin embargo, muere antes del inicio de la producción, luego al guitarrista de un grupo de San Francisco, el cual escapa aterrorizado con el rodaje y termina enterrándolo en el desierto, y al final se repliega sobre Mick Jagger. Luego muere Brian Jones, como muchos rockeros malditos, repentinamente y en circunstancias misteriosas. Mick Jagger y los *Rolling Stones* abandonan la película de Anger, que se dirigirá a otra banda de gustos cercanos a los suyos, *Led Zeppelin*.

Sin embargo, entre tanto surge un álbum de título satánico, *Their Satanic Majestic Request*, y una canción que habla del Diablo, o más bien, que le hace hablar, *Sympathy For The Devil*.

¿Es la canción que está silbando Satán en los infiernos cuando sucede el accidente en el concierto de Altamont?

Un gran concierto, uno de esos destinado a permanecer en la historia de la música *rock* como *Band Aid* o *Woodstuck*, no es fácil de organizar. Se requieren los grupos adecuados, el día adecuado, el lugar adecuado y la idea convincente. Además de una serie de detalles también importantes, como la planta eléctrica, las luces y la logística, así como los cuerpos de seguridad.

Si además el concierto lo organizan los *Rolling Stones* y la intención es la de desplazar a un evento como el festival de *Woodstuck*, que durante tres días reunió a cuatrocientos mil jóvenes en un pueblito del estado de Nueva York, todo se vuelve más importante. Los grupos son los más conocidos de los años '60: *Jefferson Airplane*, *Santana*, Ike y Tina Turner, Crosby, *Stills, Nash & Young*, *Grateful Dead* y, naturalmente, los *Stones*. La fecha será el 6 de diciembre de 1969 y el lugar, *Altamont Raceway Park*, un autódromo en California del Norte, entre las ciudades de Tracy y Livermore. También está la idea, un festival gratuito para todos los jóvenes de la Costa Oeste que se reconocen en la música de la contracultura *hippie*, y que termina por reunir a más de trescientas mil personas. Está listo todo lo demás, incluidos los cuerpos de seguridad que, sin embargo, se vuelve un problema, porque allí están los *Hells Angels*.

Nacidos en 1948 en San Bernardino como un club de ex pilotos de aviación apasionados por el motociclismo, en los años '60 los *Hells Angels* son un grupo de unos centenares de *bikers*, que recorren en motocicleta toda la Unión americana. No gozan de mucha popularidad. La prensa y un informe del fiscal general de California, Lynch, los describen como una mezcla de tribu, secta y banda. Los cuatrocientos cincuenta miembros del grupo californiano han coleccionado un record de ochocientos setenta y cuatro delitos, y serían más, sostiene Lynch, si los *Angels* no hubieran aterrorizado a los testigos, impidiéndoles presentar sus denuncias. Tienen ritos de iniciación, una ideología y un estilo de vida brutalmente anárquico y violento. Recorren las calles en sus motos como una banda de piratas, drogados y ebrios, llevan cabello largo, aretes, cascos nazis, cruces de hierro y esvásticas, devastan los pueblos donde se detienen por medio de rapiñas, riñas, estupros y todos, tanto hombres como mujeres, dice el fiscal Lynch, parecen necesitar un buen baño. En realidad, los *Hells Angels* son también mucho más: ante todo, motociclistas, apasionados de las *Harley Davidson*, pero también "perdedores, marginados, fracasados y descontentos", como los define el escritor Hunter Thompson, que escribe un libro sobre ellos, *Hell's Angels*, luego de convivir con ellos durante casi un año. "Forajidos", al menos en el sentido filosófico, como dice Thompson, pero no todos criminales. Pero los convocados para ser los guardias de seguridad de los *Stones* en Altamont sí lo son.

La idea se le ocurrió al manager de los *Grateful Dead*, que estaban entre los grupos preferidos de los *Angels*. Los habían llamado en otras ocasiones sin incidentes, y en Londres incluso los *Stones* habían tenido un apoyo de seguridad de los *Hells Angels* ingleses, todos fans de Mick Jagger. Pero también había otro motivo. Como de todos modos vendrán, y ya que se encuentran en esos lares para una convención, y como seguramente harán alboroto, llamémoslos como guardias de seguridad, así los tenemos vigilados. No son los únicos que participarán en la seguridad, habrá policías francos y guardias jurados, pero también habrá una veintena de *Hells Angels* y, por desgracia, con esos bastan.

Antes de comenzar el concierto, los *Angels* han consumido ya una cantidad increíble de cerveza y una serie de drogas de varios tipos, y están eufóricos. Apuntan al público con latas de cerveza, atacan a todos. Uno de ellos arremete a puñetazos contra Marty Balin, el cantante de *Jefferson Airplane*, y cuando el otro *leader* del grupo, Paul Kantner, intenta subir al palco para hacerlo saber, también lo agreden. Sam Cutler, el *manager* de los *Stones*, intenta atraerlos hacia una zona más apartada prometiendo darles más cerveza. Luego llega Meredith Hunter.

Hay una película que documenta todo. Se llama *Gimme Shelter* y es producida por los hermanos Maysles en 1970, con las tomas realizadas en el festival de Altamont. Ya desde la presentación de Santana se ve que las cosas terminarán mal. Los propios *Grateful Dead* habían amenazado con irse. Malas vibraciones, afirmaban. Demasiados pleitos bajo el palco, que está muy bajo y muy cercano a la gente. Llegan los *Stones*, que abren con *Jumpin' Jack Flash*, y justo cuando Mick Jagger canta *Under My Thumb* un chico se mete bajo el palco.

El chico se llama Meredith Hunter, es negro y tiene dieciocho años. En el documental parece que llevaba una pistola. Hay quienes lo niegan y quienes lo afirman rotundamente, como Dick Carter, el dueño del autódromo de Altamont. Quería matar a Mick Jagger, ya ha disparado una vez, y ello se ve en el documental. No, dicen algunos, ha sacado la pistola para defenderse, porque lo estaban atacando. No es verdad, dicen otros, estaba desarmado y, de hecho, la pistola nunca ha sido hallada. Sea como sea, los *Hells Angels* se lanzan contra Meredith, lo rodean y lo acuchillan dieciocho veces, luego lo patean. Hay un acusado en el homicidio, un *Hells Angel* de veintiún años llamado Alan Passaro, que es procesado en 1972 pero luego exonerado por legítima defensa, pues el juez cree en la versión de que Meredith iba armado con un revólver de cañón largo, los demás *Angels* son buscados hasta el 2005, cuando el caso es cerrado definitivamente.

Mick Jagger, en el palco, ve que algo sucede, entiende la gravedad del asunto, deja de cantar y dice a todos que se calmen, mientras es llamada una ambulancia. Luego retoma su intervención, mientras bajo el palco siguen desatándose más peleas.

Porque definitivamente no hay nada que funcione en ese festival. El concierto había sido anunciado apenas veinticuatro horas antes, pues debía realizarse en el *Golden Gate Park* de San Francisco, pero allí tenían miedo de que llegase demasiada gente y no habían dado el permiso. En Altamont no hay servicios higiénicos ni puntos de socorro, y el público debe esperar varias horas antes de que lleguen los grupos y la música, difundida por una planta deficiente. Luego está el servicio de seguridad, que no logra contener la violencia que se extiende por todo el autódromo. Es más, la fomenta.

Meredith muere en la cabina de un camión del servicio proporcionado por los *Hells Angels*, poco antes de que llegue la ambulancia. No es el único en perder la vida esa noche en el festival de Altamont: otros dos chicos mueren en un accidente automovilístico y otro más se ahoga en un canal de descarga de aguas negras, y todo ello contribuye a crear la leyenda negra de los *Rolling Stones*. Se dice que estaban tocando *Sympathy For The Devil* cuando Meredith fue acuchillado, que hay una maldición en todo esto, aunque, como ya dijimos, Jagger cantaba otra canción.

Cuatro muertos. Pero dicen que en Altamont hay una quinta víctima. Es la generación de los años '60, la contracultura *hippie*, la de paz, amor y música que había construido *Woodstuck*, que encuentra en los terribles sucesos de Altamont las mismas lúgubres señales de desencanto que solo unos meses antes Charle "Satanás" Manson y los miembros de su comuna habían ofrecido con la masacre de Bel Air. "*Helter Skelter*", habían escrito con sangre en las paredes de la residencia donde habían matado a seis personas; es el título de una canción, como *Gimme Shelter*. Solo que no es de los *Rolling Stones*, sino de los *Beatles*.

Entonces, dirán algunos fundamentalistas, aquí está el Diablo. Entonces existe una influencia satánica en el arte y la música, una especie de maldición, que si no transforma siempre a quien la escucha en peligroso asesino en serie al menos lo conduce a una gran desgracia.

Un momento. Hay otra explicación que está en la base de cómo nace *Sympathy For The Devil* y que prescinde de la influencia sobre los *Stones* de una Iglesia de Satán. Tiene que ver con Marianne Faithfull, también estrella de la música de aquellos años y también criticada desde el punto de vista satánico, naturalmente, que es novia de Jagger y le regala un libro. El libro es *El maestro y Margarita*, de Mikhail Bulgakov, uno de los clásicos de la literatura moderna escrito por uno de los autores rusos contemporáneos más grandes. Una obra maestra del surrealismo, del realismo mágico, del simbolismo y la poesía. Allí encontramos a un Satanás irónico, elegante y de gran clase, idéntico al Diablo de la canción de los *Stones*. Un Satanás diferente, pero seguramente hijo del protagonista del poema *El paraíso perdido* que John Milton escribió en el siglo XVII, otra obra maestra de la literatura de todos los tiempos. En resumen, uno de tantos diablos que han inspirado el arte y la literatura como modelo de transgresión y rebeldía, de aniquilación de las opiniones, mítico, del cual extraer inspiración artística, fascinación creativa y no necesariamente fe.

¿Vale lo mismo para la música? Si el Diablo es símbolo de transgresión, alternativa y rebeldía, ¿entonces qué son el *blues*, el *rock* y todo lo demás si no la música del Diablo? Sin necesidad de escucharla al revés, sin hallar en alguna estrofa un mensaje hipnótico, sin tomarla siquiera demasiado en serio, como la esvástica en la camiseta de Sid Vicious, que no hace de un *punk* un neonazi en aquellos años y en aquel contexto. Así como hay una gran diferencia entre las sectas satánicas que matan gente y un grupo de *heavy metal* que toca llevando al cuello una cruz invertida.

O bien, cada cierto tiempo algún jovencito compra una metralleta por Internet mientras en su iPod escucha a Marilyn Manson. Pero no es culpa de Marilyn Manson. Solo le pone música de fondo a un desasosiego que ya existe, y que, a veces, en la música, halla un desfogue. Como sucedió en la masacre de Novi Ligure, en Piamonte, Italia, el 21 de febrero de 2001, cuando Erika de Nardo, acompañada de su novio, Mauro Favaro, mató a puñaladas a su madre y a su pequeño hermano. En la cómoda de Erika estaban las novelas realistas de Giovanni Verga (1840-1922), incluso subrayadas.

¿Quiere decir esto que el realismo es crimonógeno? ¿Qué Los Malavoglia, al leerlos al revés, revelan mensajes satánicos?

LAS MALAS "VIBRAS" DE
BOLESKINE HOUSE
Escocia, Inglaterra, diciembre de 1970

A orillas del Lago Ness hay una bella residencia que parece un castillo. Se llama *Boleskine House*, y es un inmueble bajo, muy inglés, que acoge un amplio jardín. Al verla no da miedo, y no parece extraña, ni siquiera viniendo del bosque que la 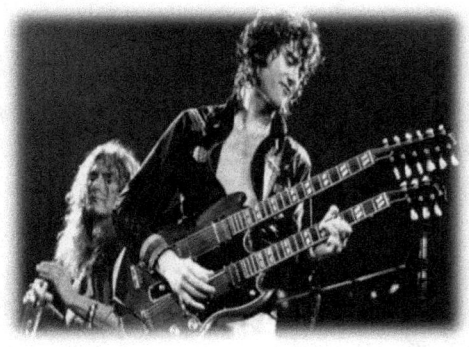 encierra por detrás, separándola del lago que acoge al legendario monstruo. Si alguien, en los años '70, hubiese subido la colina y la hubiese visto, sin saber nada, habría hallado aquella villa aún menos inquietante al escuchar las notas dulcísimas de una canción con una melodía desgarradora, e incluso la letra lo es, al hablar de una escalera con la cual alcanzar el paraíso, *a stairway to heaven*. Y si se hubiere asomado por algún ventanal oval de la parte trasera, habría visto a un joven alto, de rasgos tiernos y largo cabello despeinado, tocando con aire estático aquella canción en la guitarra. Nada extraño, nada inquietante.

Pero hay quienes están dispuestos a jurar que no es verdad. Porque aquella es *Boleskine House*, él es Jimmy Page y lo que toca es *Stairway To Heaven*. Y todo ello, según algunos, forma parte de algo muy extraño e inquietante: la leyenda negra de *Led Zeppelin*.

Empecemos por la residencia. Antes de pertenecer a Jimmy Page, quien la compró en 1970 gracias a los éxitos obtenidos con uno de los grupos más legendarios de la historia del rock, *Boleskine House* pertenecía a un siniestro personaje del que ya hemos hablado aquí, un joven de porte elegante y carismático que había cambiado su nombre de bautizo, Edward Alexander, por el de Aleister Crowley. Crowley es un ocultista, un sacerdote de sectas esotéricas importantes como la *Golden Dawn* y la *Ordo Templi Orientis*; más aún, es el Gran Maestre de Therion, es el Príncipe de las Tinieblas, la Bestia, y como tal es considerado, con razón o sin ella, uno de los fundadores del satanismo moderno. En aquella casa la congregación de Crowley celebró ritos mágico-sexuales y se escribieron los principios esotéricos del *Libro de la Ley*, revelado a Crowley directamente por el demonio Aiwass. Para quien cree en esto, y probablemente para quien no cree, esa mansión a orillas de lago de aspecto normal y tranquilo comienza a adquirir tonos fascinantes e inquietantes, según el punto de vista.

Jimmy Page cree en ello. Cuando compró Boleskine House lo hizo pensando que *the bad vibrations were already there* (las malas vibraciones seguían ahí). Y lo hizo a propósito. En los años '70, Page no era tan solo el guitarrista de *Led Zeppelin*, el hombre que, junto a Robert Plant, había fundado la banda que estaba inventando el *hard rock*, sino también un convencido y experto apasionado del esoterismo y un fan de Aleister Crowley, de quien había adquirido todo, desde las vestimentas a los objetos y manuscritos originales. Era tan apasionado que llenaba las portadas de sus álbumes con símbolos esotéricos y crowleyanos, más o menos ocultos, aunque no era el único. Los Beatles habían empezado, poniendo a Crowley en la portada del álbum *Sgt. Peppers*: al fondo, entre el cómico Lenny Bruce, la actriz Mae West y el gurú Sri Yukteswar, continuando con la trama simbólica del *White Album*. Pero *Led Zeppelin* había hecho más.

Page había hecho grabar el lema de Crowley, *Do what thou wilt, so mete it be* (haz lo que quieras y así podrás ser) en el vinilo de su tercer álbum, entre *Hats off to (Roy) Harper* y la etiqueta. Y para la cubierta interior del cuarto álbum había convencido a los demás de poner un símbolo para cada uno de los miembros, una pluma para Robert Plant, círculos casi olímpicos para John Bonham, una especie de trébol para John Paul Jones, y para él un extraño dibujo que parece ser una palabra desconocida, *zoso*. Page dice haberla inventado solo, pero para algunos eso es un friso satánico, una serie de símbolos contenidos en un libro que enseña a realizar pactos con el Diablo.

Y aún hay más. Quien hubiese llegado a la villa desde el lado sureste del lago habría escuchado aquella dulce canción, *Stairway to Heaven*, pero no es así como debe escucharla. Para entender verdaderamente su significado, dice quien cree en ello, debería escucharla al revés.

El *backward masking*, la inserción en un disco de frases que, si se les escucha a la inversa, adquieren un sentido completo, es un fenómeno extraño, hecho verídico para algunos y leyenda urbana para otros, un poco como la isla de la Atlántida o los círculos de trigo ingleses. Se halla en la base de la teoría para la cual parte del rock sería la expresión oculta del satanismo, insertando exhortaciones al revés como *my sweet Satan* (mi dulce Satán), en *One Vision* de *Queen*, en *Hotel California* de los *Eagles*, y también, se dice, para quien en ello cree, en Prince y otros. En *Stairway to Heaven* sería una frase muy larga, *here's my sweet Satan, the one whose Little path won't make me sad, whose power is Satan, he will give the growth giving you six-six-six* (he aquí mi dulce Satán, aquel cuyo pequeño sendero no me entristecerá, cuyo poder es Satán, el brindará el progreso dándote el seis-seis-seis).

No es verdad, dicen los que no creen en ello, si se escucha un conjunto de sonidos antes o después se les halla un sentido. Es verdad, dicen los creyentes, la canción es satánica y ha sido compuesta por Page y Plant durante una sesión de escritura automática, como si la hubiera inspirado alguna entidad.

Sean verdad o mentira, coincidencias, provocaciones o hechos objetivos, todos estos elementos concurren para crear la leyenda negra de Jimmy Page y de *Led Zeppelin*. Sobre todo cuando comienza a suceder cosas.

En 1976, Keith Harwood, socio de *Led Zeppelin*, muere en circunstancias misteriosas, y en ese mismo año también muere la esposa del manager de la gira. E. Keith Relf, que había tocado en el primer grupo de Page, muere fulminado por un cortocircuito provocado por su guitarra. Y también está Karac, el hijo de cinco años de Robert Plant, que muere por una infección viral mientras el grupo está de gira. Y John Bonham, el baterista de *Led Zeppelin*, llamado *The beast* (la bestia), terror de los hoteleros a los que regularmente les destrozaba las habitaciones, muere en 1980 por exceso de alcohol en la casa de Page.

Ahora bien, estamos hablando de rockeros, de gente que lleva una vida absurda, que siempre está de viaje y abusa de todo lo que se pueda abusar. Y estamos también hablando de tantos años y de una cantidad consistente de personas, para las cuales es normal que alguien muera o tenga un accidente sin que todo esto tenga una relación, mucho menos de tipo esotérica. Sin embargo, para algunos no es así, e incluso los miembros del grupo lo llegan a pensar. ¿Acaso todas estas manías esotéricas de Jimmy, como poner, por ejemplo, a doce niños desnudos subiendo por una colina hacia la que parece un arca en la portada de *House of the Holy*, o aquella señora que tiene la mano sobre la cabeza de un niño en el reverso de *Presence*, terminen por traer desgracias?

No hay una respuesta. Jimmy Page da intencionadamente respuestas ambiguas a las preguntas que le plantean, como es su derecho y casi el deber de una *rockstar*. Salvo el llevar a tribunales y hacer condenar por difamación a quien afirmaba que celebró un rito al lado del cuerpo agonizante de Bonham, vestido con una túnica sacerdotal.

Sin embargo, algo queda.

Ya sea que se trate de convicciones religiosas, aberraciones, provocaciones propias de una *rockstar*, sugestiones *noir* y decadentes, coincidencias, juegos o leyendas, sea lo que sea que haya al revés, al escucharla al derecho, *Stairway to Heaven* es una bellísima canción.

LA BROMA CÓSMICA DE BOYD RICE
California, EE. UU., mediados de los años '70

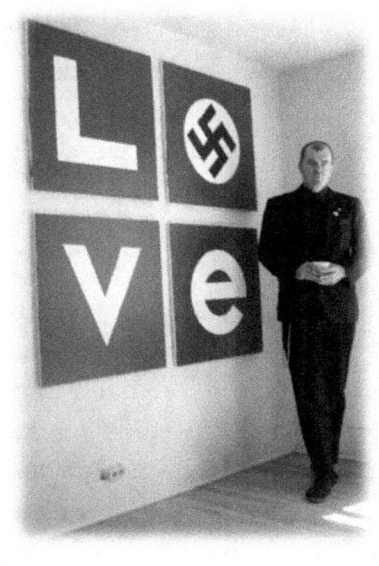

Hay personas que siempre hacen todo lo contrario a los demás. El mundo va por un lado, lleva una dirección, buena o mala, y ellos van en la contraria, en otra dirección, buena o mala, no importa. Y cuando todos dicen: "somos así", ellos dicen: "nosotros no".

Si en el mundo de la música, o incluso en el del arte en general, se pudiera elegir un campeón de esos que van en contra, la elección no sería difícil. En su mayoría, el campeón de los "contracorriente", de los políticamente incorrectos, sería un señor de edad mediana, calvo y de cara lisa llamado Boyd Rice.

Al verlo así, en la primera imagen que se halla en la biografía de su sitio web, parece un oficial de tanques de las SS, y esto podría bastar a quien tenga en mente los desastres de la guerra y los campos de concentración para oprimir de inmediato la tecla de retroceso y borrar la dirección. Pero Boyd Rice no solo es eso.

El problema es que, una vez establecido lo que no es Boyd Rice, todavía es más difícil decir qué es verdaderamente. No por nada, al inicio su proyecto artístico y musical se ocultaba bajo el nombre colectivo de *Non*, así como con su nombre discográfico y sus *performances* como músico, sus fotografías, películas, videoclips y un montón de extrañísimas cosas, como veremos.

Boyd Rice es un artista, un buscador de sonidos que se mueve en el ámbito de la música experimental, del género industrial, del *post punk*, del *gothic underground*, la vanguardia electrónica, el ruido novedoso… Las definiciones caen en el vacío y no logran dar en el blanco. *Muzak*, la llamaría él, dándole ese matiz vagamente despreciativo que le vuelve una elección elitista. Su voz recita letanías o canturrea líneas melódicas de baladas, y bajo música comercial que poco a poco se transforma en otra cosa. O bien ruido, directamente, como en su primer disco, el *Black Album*, compuesto en 1975 y publicado en 1981, cuando el clima musical era más propenso a ciertos experimentos.

Hasta aquí vamos bien. Sin embargo, luego comienzan a salir sus amistades, algunas de las cuales lo han seguido un buen trecho, como compañeros de juegos, o mejor dicho, dado el tipo de personas, compañeros de merienda.

Uno de ellos es un tipo de mirada inusual, o más bien, decididamente maníaca que aparece frecuentemente en estas historias. Se llama Charlie Manson. El señor Manson frecuenta los ambientes *hippies* y *underground* de Los Ángeles de principios de los años '60, los mismos que frecuenta Boyd Rice, y también es un músico o, al menos, intenta serlo. También él, Charlie Manson, se interesa por otras cosas más allá de la música, pero mientras que Boyd lo hace fingidamente, Manson lo hace de verdad. Cosas extrañas, como estar al frente de una secta que comete asesinatos en las residencias de la zona. Cuando los miembros de "La Familia" de Manson son arrestados y también él se halla inmiscuido como autor intelectual de los homicidios, hay una sola persona que se dice mete la mano al fuego por la inocencia de "Satán" Manson: Boyd Rice. Todo el mundo lo querría muerto pero él jura que su amigo Charlie no tiene nada que ver, es más, hace publicar sus escritos de autodefensa.

Manson no es el único amigo extraño de Boyd Rice. También está otro señor de mirada menos inusual pero igualmente maníaca – aunque más magnética- que se llama, para variar, Anton Szandor LaVey. LaVey conoce a Boyd Rice, queda muy impresionado y lo nombra sacerdote de su Iglesia, luego también maestro del Consejo de los nueve, que equivale a cardenal. Boyd Rice parece muy convencido de su papel de sacerdote satánico, se le ve también en los videos celebrando la misa negra sobre el cuerpo desnudo de una chica, pero como siempre sucede con la Iglesia de LaVey, las luces están demasiado cuidadas y demasiado ajustadas para que el rito tenga algo de siniestro, y más que una ceremonia parece un videoclip. Y luego, naturalmente, también está todo lo contrario. Boyd Rice participa en las transmisiones radiofónicas de la *Church of God*, la Iglesia de Dios de los fundamentalistas cristianos, y cuando lo entrevistan dice que no cree ni en el Diablo ni en el infierno.

Luego está el darwinismo social, una doctrina mucho más compleja que Boyd resume en una frase muy simple: el fuerte domina al débil y el astuto domina al fuerte. Así de simple. Crea también una organización, la *Abraxas Foundation*, para apoyar los principios fundamentales de su darwinismo: autoritarismo, totalitarismo, misoginia, elitismo. Al seguir todo esto se llega a parecer a la fotografía que abre su sitio web, una especie de *Panzergrenadier* de las SS, y se le halla también colaborando con grupos sospechosos, con razón o sin ella, de estar cercanos a ideologías nazis y fascistas, como *Death in June*. Sin embargo, cuando se lee su opinión sobre el tema, se analizan sus entrevistas o se asiste a sus apariciones en los programas ultrarraciales de ciertos canales estadounidenses, nos hallamos ante una banalidad tan extrema que nos hace pensar más en la parodia de un cliché que en una verdadera adhesión. Si así fueran todos los racistas del mundo o los nazistas, serían una minoría de excéntricos tan absurdos que darían más risa que miedo.

Claro, muchas de esas ideas son ya de por sí banalidades extremas, y son ya absurdas incluso cuando se expresan con seriedad, pero él es Boyd Rice, es todo y lo contrario de todo, y siempre está la sospecha de que sea una provocación.

De lo contrario, ¿cómo podría convivir una estética *dark* al límite del gótico con una fijación por el esoterismo medieval, la búsqueda del Grial y los Templarios, con ser considerado el más grande coleccionista de muñecas Barbie del mundo? ¿O con haber diseñado y realizado el *Tiky Boyd's* de Denver, en Colorado? El *Tiky Boyd's* es un bar Tiki, un local de moda basado en una estética exótica, tipo bar de playa polinesia, con cocteles de ron y frutas. ¿Qué tiene que ver Boyd

Raice, maestro de la Iglesia de Satán, amigo de Charlie Manson, darwinista neonazi, el hombre que por momentos se hace arrestar porque quería enviar a Betty Ford, la esposa del presidente Gerald Ford, la cabeza de una oveja en una charola de plata, con un *mai tai* servido en un vaso con hojas de plátano por una bella chica con falda de hawaiana?

Lo que surge con el *Black Album* –inventando nuevos sonidos hasta entonces nunca antes oídos en un disco, grabados y distorsionados, desde los agudos de una soprano al petardeo de una máquina de palomitas de maíz – y que llega hasta *Ragnarok Rune,* que puede ser escuchado a cualquier velocidad, y más allá, *Alarm Agents*, grabado con *Death in June* durante la noche de Halloween. Y que al mismo tiempo graba baladas suaves y discos de *easy listening* puro.

Hay una palabra inglesa que recorre con frecuencia la obra de Boyd, y que es también el título de una revista *underground* que le realiza una de las entrevistas más completas. Una palabra de sonido irreverente y casi turbador, como una ventosidad. *Prank*. ¿Qué significa en el lenguaje común? Significa "bromista".

ESOS PSICÓPATAS DEL PALCO
Londres, Inglaterra, mediados de los años '70

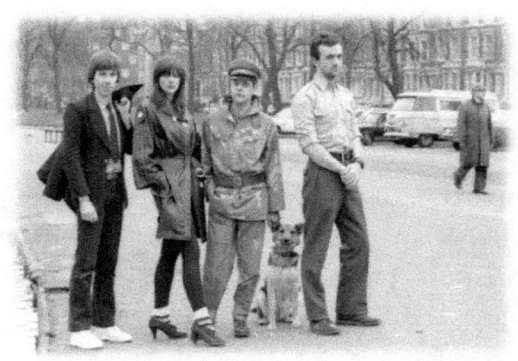

Si a alguien, a caballo entre los años '60 y '70, se le hubiera ocurrido merodear por las galerías de arte, los clubs *hippies* o incluso los sótanos más sórdidos de Londres, habría presenciado algo extraño, entre el humo de cigarrillos, bombas de humo y todo lo demás.

Primero, lo habría oído: un sonido metálico, pesado, rasposo y distorsionado, que se repite siempre aunque los músicos no toquen, porque está grabado. Aparte del contenido de aquel sonido – martillazos, gritos, zumbidos, ruidos más industriales que musicales- se habría asombrado: el uso del *sampling* y poner en *loop* la música no era para nada común, ya que por lo común los músicos estaban en el palco y la música era en directo.

Luego los habría visto. Pero qué músicos, no eran ni siquiera hombres. Zombis, vampiros, extrañísimas larvas humanas con nombres grotescos, como Genesis P-Orridge, que dicho todo junto suena *porridge*, la sopa de papilla que comen los niños ingleses, o Cosey Fanni Tutti, que dicho de corrido suena *così fan tutte*, el título de una ópera de Mozart cambiado al inglés. Los habría visto dando vueltas por el palco como en trance, ocupados en activar *samplers*, agarrados a los instrumentos como si quisieran poseerlos, o simplemente paseando de aquí para allá, como Genesis P-Orridge, declamando frases aisladas –a veces estrofas de canciones, a veces versos poéticos- difíciles de entender en esa cacofonía distorsionada.

Pero en particular habría visto lo que se estaba proyectando detrás, en un telón extendido sobre el palco en sus inicios y sobre una maxi pantalla de televisión después, a mediados de los años '70. Y ya con eso se habría ido, salvo que hubiera sido de estómago tan fuerte como para soportar las imágenes porno –y hasta aquí todo bien- pero, sobre todo, las de campos de concentración, de muertos y de autopsias.

En este punto, ya adaptado al sonido extraño y perturbador, a esos extraños monstruos en el palco, a las imágenes escalofriantes al fondo y encima de los músicos, habría visto también lo que estaba haciendo P-Orridge en la penumbra del local. Declama frases como *don't do as you're told, do as you think* (no hagas lo que te dicen, haz lo que piensas), para luego beber líquidos extraños, amarillentos como la orina o rojos como la sangre, se corta con una navaja, se clava alfileres en la piel, se acuesta sobre clavos, se hace azotar por Cosey. Y todo esto durante los primeros años de la década de los '70, todavía mucho antes del *punk*, no es cosa de todos los días.

Habría preguntado asqueado, atemorizado, intrigado o fascinado, quiénes son esos psicópatas del palco, y le habrían respondido que eran los *Coum Transmissions*. Pero solo hasta 1975, cuando deben disolverse tras un *performance* en el instituto de arte de Londres, que se llama *Prostitution* y desencadena un escándalo, con denuncias y un debate parlamentario que se pregunta por qué el dinero y los lugares público son empleados para obscenidades –así dicen los detractores- como esas. Hay un parlamentarista escocés que se llama Nicholas Fairbaim, conservador, naturalmente, que llega a afirmar que los *Coum* son *wreckers of civilisation* (destructores de la civilización). Sin embargo, después de 1975 la respuesta a la pregunta habría sido que ellos son los *Throbbing Gristle*. ¿Qué? En el *slang* londinense significa "erección fulminante". Así de fácil.

Throbbing Gristle sigue siendo uno de los grupos más extraños, absurdos, innovadores y desacralizadores que jamás se hayan presentado en un palco. Después vendrán nuevas anécdotas, incluso más extremas, pero ellos son los primeros en hacerlas y experimentarlas. Tienen una filosofía o, más bien, una ideología o una religión. Dicen que la gente, adicta a los condicionamientos del poder – y de la televisión- no ve las cosas como realmente son, no percibe ya la realidad. De allí la necesidad de un *shock* cultural que sacuda a la gente, la saque de su sopor, y le haga ver finalmente lo que hay de verdadero tras la apariencia cotidiana. Y este *shock* se realiza con sonidos, conceptos e imágenes. Con *performances* extremos. Esta forma de hacer música adquiere varios nombres: vanguardia, música industrial, *performance* dadaísta, *prepunk*, para muchos incluso música del Diablo, pero los nombres no cuentan porque ellos son tan solo *Throbbing Gristle*.

Uno es un fotógrafo que se llama Peter Martin Christopherson, pero lo llaman *Sleazy*. Es un músico, pero toma fotografías y dirige videos, y son sus imágenes las que se ven en el fondo: escenas de homicidios tomadas de los archivos criminales, escenas de guerra e imágenes de horribles enfermedades tomadas de manuales de medicina.

Otro se llama Chris Carter y toca el sintetizador. Chris es un ingeniero de sonido que ha realizado las bandas sonoras de muchos documentales de la BBC y de la ABC, y es un experimentador que da clases "sonoras" en las universidades inglesas. Sus *samplings* y distorsiones sonoras están tomados del mundo industrial que sirven de tapete sonoro en las presentaciones de *Throbbing Gristle*.

Luego está Cosey Fannni Tutti. Cosey es una chica delgada de rostro afilado y ojos espirituales. Toca la trompa y la guitarra, pero también se dedica al nudismo y al cine porno, y lleva a las presentaciones de la banda toda su experiencia de ese campo.

Por el grupo pasa también otra gente, primero con los *Coum*, y algunos de ellos no son músicos sino criminales inscritos en los registros carcelarios ingleses. Sin embargo, la columna vertebral del grupo, tanto de *Coum* como de *Throbbing Gristle*, es Genesis P-Orridge. En Gristle, toca el violín y el bajo, pero, sobre todo, canta. Araña el tapete sonoro con su voz aguda que habla de horror, pornografía, crimen, sexos, asesinos en serie y ocultismo, el *shock* cultural que ayuda a ver cómo es verdaderamente la realidad. Antes, en una vida anterior que parece muy lejana, se llamaba Neil Andrew Megson. Es una vida que dura poquísimo, porque el pequeño Neil, un niño de rostro simpático y sonriente pero de ojos extraños, redondos, expresivos y vivísimos, es hijo de artistas, músicos de *jazz* y actores de teatro, y el arte le viene prácticamente de familia. Es el que estudia en el *college* de Hull, en Yorkshire, donde conoce a muchos de los miembros de *Coum* que le seguirán también en *Gristle*.

Pero no solo el arte transforma al joven Neil, extraño estudiante sensible e inquieto, en Genesis P-Orridge. En su educación sentimental y artística influye la abuela, que realiza un oficio muy particular. Es médium, y vive en una casa en los límites de un bosque. Así, entre sugestiones que le influyen desde el inicio e ingresan directamente en su música y en sus performances, están el ocultismo y las ideas de un señor que ha ingresado en la música y el arte de aquellos años a caballo entre los '70 y '80. Se llama Aleister Crowley, astrólogo, ocultista, mago, como entonces se decía, teórico de los ritos la magia sexual practicada en Thélema, una especie de residencia-santuario abierta en Cefalù, Sicilia, en los años '20 del siglo pasado.

En el bachillerato las performances de P-Orridge –que van de Adolf Hitler a los "asesinos en serie del pantano", Myra Hindley e Ian Brady, que matan a cinco niños a mediados de los años '60- causan mucha impresión. Genesis está ocupado, frecuenta comunas artísticas, provoca escándalos, se acerca a las sugestiones literarias de William S. Burroughs, autor de *El almuerzo desnudo*, en donde aprende y lleva a la música la técnica del *cut up*: tomar pedazos de la narración y colocarlos, invertir capítulos y párrafos. Luego conoce a Cosey y nacen *Coum* y luego *Gristle*.

Throbbing Gristle se presenta por última vez en concierto en 1981, en el Kezar Pavilion de San Francisco, California. Se separarán por los motivos por los cuales se disuelven los grupos formados por fuertes personalidades con ideas muy claras y decididas, que en cierto punto entran en colisión y estallan. Génesis P-Orridge y Cosey Fanni Tutti discuten y la banda se discuelve.

Sin embargo, la historia no termina aquí. Génesis tiene una iluminación, mientras realiza un *performance* en clubs y teatros de Londres: la gente mira demasiado la televisión. Es adicta y está completamente moldeada. P-Orridge piensa que, en resumen, la TV está lavándole el cerebro al mundo. Pero hay algo que puede hacerse, y justamente con la TV. Porque si es un veneno tan fuerte, entonces es igualmente fuerte como antídoto, y si a la gente se le hace ver las cosas como son, entonces de aquí puede venir un contralavado de cerebro.

Estamos ante la TV psíquica.

Pero esta ya es otra historia.

LAS PESADILLAS DE *PSYCHIC TV*
Londres, Inglaterra, mediados de los años '80

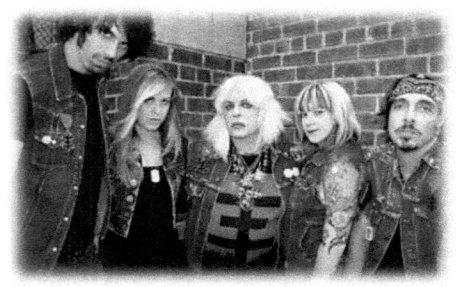

Hay un programa que se transmite por Canal 4, uno de los canales de la televisión inglesa. Se llama *Dispatches*, y es un programa de investigación que ofrece temas sobre vestuario, política y crónica. Es muy seguido incluso hasta nuestros días, y muy controvertido, porque lo que propone es fuerte y más bien decidido.

¿Y qué tiene que ver esto con la música y su lado oscuro?

Un día de 1992, *Dispatches* presenta un video. Es escalofriante, muy inquietante y muy crudo. Se ven fragmentos de cosas tremendas, acciones violentas, sangre, sexo, también aparecen menores de edad y todo ello en un contexto que parece muy siniestro, casi diabólico. Los conductores del programa dicen que esto es un *satanic child abuse*, un rito satánico en el que se abusa de niños. Así que Scotland Yard se dirige a la casa del dueño del video, la registra y encuentra otras grabaciones de ese tipo.

Pero no arrestan al dueño.

Porque no se trata de ritos satánicos o, al menos, no en el sentido recto de la palabra. Por lo que *Channel* 4 y *Dispatches* se ven obligados a disculparse.

La casa que catean pertenece a un tal Genesis P-Orridge, y la película es una de las *transmissions* de un grupo musical llamado *Psychic TV*.

Desde el punto de vista musical, Genesis P-Orridge presenta con este nuevo grupo todas las investigaciones y experimentaciones iniciadas con *Throbbing Gristle*. Música electrónica, sugestiones industriales, ruidos, *performance* y al mismo tiempo *punk*, psicodelia, sugestiones ácidas y lo que todavía no se llamaba *techno* y música *house*. Quien ha escuchado un concierto de *Psychic TV* no lo olvida, porque seguramente no ha escuchado durante los siguientes seis días más que un silbido constante en las orejas. Volúmenes altísimos y silencios intensos, líneas melódicas que afloran desde distorsiones, y dentro de todo esto el rechinar profundo de Genesis.

Psychic TV entra en el libro de los Guinness desde los primeros años de su existencia. Tienen un proyecto: publicar veintitrés álbumes en un año. No son propiamente álbumes de estudio, de los que se requieren meses para grabarlos. Son álbumes en vivo, *bootlegs* de sí mismos, pero en gran cantidad. No lo logran, se detienen en diecisiete, pero son suficientes para entrar en los récords Guinness. ¿Pero por qué justamente veintitrés?

Hay un motivo. Genesis P-Orridge nunca ha hecho nada por casualidad, ni siquiera cuando se llamaba Neil Andrew Megson y realizaba sus primeras experiencias musicales y artísticas.

El 23 es un número muy importante en el mundo de la magia. Y *Psychic TV*, pero sobre todo Genesis, mantienen gran contacto con ese mundo.

Además de Aleister Crowley, entre los maestros de Genesis P-Orridge está un señor que se llama Austin Osman Spare, también inglés. Spare es un artista, más que nada pintor, y como diseñador ilustra los libros de Crowley. Pero también es un místico y un ocultista, teórico de la escritura automática, palabras que la mano escribe por sí sola gracias a una especie de trance. Inventor y descubridor de un alfabeto secreto con el cual dar voz al caos del mundo. Por ridículas o serias que sean, dependiendo del punto de vista, las ideas del ocultismo entran en la investigación artística de Genesis, y le dan vida a una experiencia paralela, *The Temple of Psychic Youth* (Templo de la Juventud Psíquica), abreviado como Topy, que reúne a varios músicos de grupos similares como *Coil* y *Current 93*. Una especie de estructura filosófica, casi religiosa, que prevé rituales en toda forma, muchos de los cuales se basan en el número 23.

Por ejemplo, sellar una carta con líquidos corporales el día 23 de cada mes a las 23:00 y enviarla a un lugar preciso en el cual hacer confluir en este mundo todas las energías de los diversos miembros del Templo –jerárquicamente estructurado desde el número 1 al 23- en un típico rito de magia sexual.

¿Y la música, la magia… y la televisión?

Psychic TV es un grupo de vanguardia. Los años en que se mueven abarcan los inicios de los '80, y el aspecto multimedia no puede ser ignorado. La televisión psíquica, las grabaciones transmitidas en los conciertos y en sus videos, se vuelven parte integral de la propia música.

La primera transmisión de la televisión psíquica es de 1981. Son seis horas de grabaciones increíblemente perturbadoras que contienen imágenes para paladares fuertes, muy fuertes. Hay entrevistas, *performances* artísticos, rituales del Templo, pero también escenas de violencia sádica y tortura, ritos satánicos, sexo, guerra, la verdadera naturaleza del mundo, ocultada, según P-Orridge, por la televisión convencional.

¿Es todo ficticio? ¿Es todo material de repertorio? Se lo pregunta el FBI, que examina esa primera transmisión con base en una hipótesis inquietante: una de las grabaciones es la primera *snuff movie* de la historia, es decir, la grabación de una verdadera tortura –ejecutada en este caso sobre un menor de edad por dos hombres en un motel- que concluye con el homicidio real de la víctima, filmado por la cámara. Una leyenda urbana, al inicio, mientras alguien no se proponga hacerlo en serio.

Al final, el FBI descubre que no es verdad: no es una película *snuff*, como tampoco es real el ritual satánico transmitido por *Dispatches*.

Es tan solo Genesis P-Orridge, un genial provocador completamente carente de escrúpulos y límites.

Psychic TV continúa experimentando en el campo del arte y de la música, pasando de las sugestiones *punk* de sus inicios a las *techno* de los años '90 y luego a las industriales del siglo XXI. Influyen a otros grupos y músicos, reciben contribuciones y cameos, inspiran a otras agrupaciones, tanto en el campo musical como en el mágico-filosófico.

Suceden tantas cosas alrededor de Genesis P-Orridge y *de Psychic TV*, y no siempre son cosas que tienen que ver con la música.

Y con frecuencia ni siquiera son cosas de músicos.

Pero esta es otra historia.

LA VERDAD ES UNA SILLA ELÉCTRICA FALSA
Londres, Inglaterra, mediados de los años '70

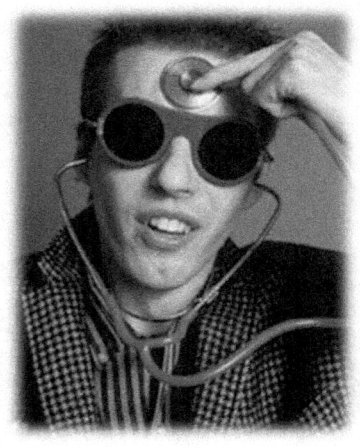

En el video él lleva una máscara que parece hecha de cera. Cuando abre los ojos dentro de la cavidad brillosa de las órbitas de verdad da miedo, y da miedo también la chica en primer plano, desenfocada por los tonos bajos excesivamente mareadores y amarillentos, encuadrada a mano, como si aquello fuese un film amateur, de los que se hacen en familia. Pero no lo es, es un ejemplo de videoarte, o mejor dicho, de algo más, un *performance*. Desde los primeros fotogramas te esperas que suceda algo tremendo, hay una vibración como banda sonora, que más que música parece una interferencia. Y suceden tantas cosas tremendas, en todo caso muy, muy perturbadoras, porque este no es el video grabado por el tío para un cumpleaños, sino un *performance* de Monte Cazazza.

Monte Cazazza no es un lugar. Tampoco es un grupo musical, aunque toca música y produce discos. Podremos estar tentados a decir que no es ni siquiera una persona, no obstante técnicamente sea así. Digamos entonces que Monte Cazazza es un artista, pero de un tipo particular. Es el más extraño del mundo.

Aunque quizá es una exageración. Entonces digamos que si Monte Cazazza no es el artista más extraño del mundo, está al menos entre los primeros diez.

No muchos lo conocen, salvo los apasionados del *punk*, de la música industrial y del *performance* extremo. Si alguien hubiera tenido la fortuna de verlo ante su puerta, quizá en un apartamento ocupado de San Francisco a fines de los años '70 donde está ofreciendo una fiesta *underground*, se habría hallado en el marco con un tipo delgadísimo, de rostro liso, con cabello corto erizado sobre la cabeza y un gato muerto en el brazo. Porque así andaba por las calles *Monte Cazazza*, con un gato muerto que quiso conservar en formaldehido para llevarlo siempre con él.

Claro, no era el único tipo extraño circulando por los ambientes alternativos de San Francisco en aquellos años, y no solo en los Estados Unidos de Norteamérica. Por ejemplo, en Londres había un tipo regordete con ojos redondos que se hacía llamar Genesis P-Orridge, otro extraño como él, que terminará por cruzarse en el camino de Cazazza y así tocarán juntos en *Psychic TV*.

Si lo deseamos, en aquellos años no solo merodeaban en el ambiente musical tipos extraños. Hay otro que de algún modo ligará su historia a la de Monte Cazazza, aunque no toca, no canta y probablemente nunca ha pensado estar en alguna prsentación. Se llama Gary Gilmore, de oficio robabancos y técnicamente es un asesino en serie.

Por el contrario, Monte Cazazza toca. Produce un extraño tipo de música que nace en aquellos años y que reúne experimentos electrónicos y sugestiones ruidosas de la sociedad en evolución. La llaman *industrial music*, música industrial, y dicen que él le dio ese nombre, porque cuando le preguntan qué tipo de música compone, y quizá se espera que diga *rock*, *heavy metal*, *blues* o incluso *country*, él responde: *industrial music for industrial people* (música industrial para gente industrial).

Hay una casa discográfica que se llama justamente Industrial Records y que agrupa a artistas como él y como *Throbbing Gristle*, que son ingleses, pero también como *Cabaret Voltaire*, como *Spk*, que vienen de Australia, *Z'Ev*, que es un percusionista muy original, y *NON*, que también no es un grupo sino un solista, músico extrañísimo seguidor de la Iglesia de Satán de San Francisco que se hace llamar *Body Black Rice*.

Los grupos de la *industrial music* no tienen en común ninguna excentricidad exasperada. Ni siquiera el experimentalismo. Es la actitud misma que tienen respecto al arte y la música que termina por invertir completamente la esfera existencial. Surrealismo, dadaísmo, futurismo.

El que sea inquieto y le guste experimentar se ve en los grupos por los que pasa. Hay artistas que crean un grupo, tocan toda la vida juntos, como U2 o *Rolling Stones*, y al final quizá mueren en ese, y hay aquellos *freelance* de la música que siempre cambian. Monte Cazazza es uno de ellos. Toca solo y con otros *performers*, como Tana Emmolo-Smith, la chica del video en primer plano, desenfocada y grabada en amarillo, que hace cosas igualmente extrañas con sus partes íntimas. O bien está con *Psychic TV*, con *Chaos of the Night*, con *Atom Smashers, Love Force, Esperik Giare* y *Factrix*, que unen sus experimentos industriales a las sugestiones oscuras del *gothic rock*. Y cuando lanza una compilación de su estilo la llama *The worst of Monte Cazazza*.

Sin embargo, sus *performances* son siempre muy, muy particulares. Algunas perduran en el tiempo incluso luego de su ejecución. En el tiempo y en el espacio, y probablemente de modo involuntario, como cuando todavía siendo un estudiante en la escuela de arte de Oakland construye una cascada de cemento que provoca serios daños a la estructura del edificio, inclina la escalera principal y la deja inservible para siempre.

Pero esto es todavía un experimento estudiantil. Luego vienen los *performances* sobre el escenario, en busca de la estética más extrema, violenta y políticamente incorrecta, como se diría ahora, aunque sería tan solo un eufemismo. Como llevar al escenario una gigantesca estatua de Jesús, arrancarla del crucifijo con una sierra eléctrica y someterla a una violencia grupal, por dar un ejemplo.

Poner al desnudo las contradicciones de la sociedad exponiendo la normalidad criminal que hay debajo. Esto hacía *Psychic TV* en sus conciertos y videos, y esto hace Monte Cazazza y también Gary Gilmore de Portland, Oregon. Solo que él lo hace instintivamente, sin pensarlo, simplemente viviéndolo.

Gary comienza a robar coches a los catorce años, luego pasa al robo a mano armada. Dentro y fuera de prisión hasta que comienza a matar cuando roba. Dispara al gerente de una gasolinera, luego al día siguiente a la dueña de un hotel, y al siguiente al dueño de un garaje. Sin embargo, a este no lo mata, así que lo detienen y lo mandan a la silla eléctrica. Es una historia que asombra a todos, pide escribir un libro de investigación a Norman Mailer y aparece en muchas canciones, como en *Bring on the Night* de *The Police*.

Monte Cazazza se aficiona a su caso, habla con Genesis P-Orridge, realiza en su homenaje *performances* y canciones, y el día de la ejecución de Gary Gilmore, el 17 de enero de 1977, se hace fotografiar en la silla eléctrica. En realidad Gilmore no muere así: es fusilado según las leyes sobre pena de muerte vigentes en el estado de Utah, donde está encerrado en prisión. Pero no importa, la identificación de Gary Gilmore con Monte Cazazza es tan profunda, que un periódico de Hong Kong publica la foto de Monte en la silla eléctrica creyendo que es la de la muerte de Gilmore. Y esto, probablemente, es el máximo que puede suceder a un artista futurista y dadaísta como Monte Cazazza, cuyos *performances* van más allá de la música y del espectáculo.

Crear la realidad. Desvelar las mentiras haciéndolo de modo que una cosa *falsa* se vuelva *verdadera*.

¿Qué más se desea?

¿DE QUÉ ESTÁN HECHAS LAS LEYENDAS NEGRAS DEL CINE?
Estados Unidos de Norteamérica, 1968-1983

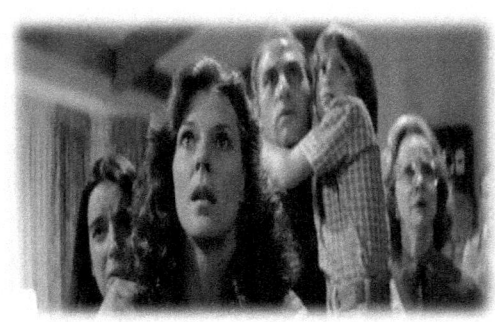

¿Han oído hablar de *Juegos diabólicos*? Es una película de 1982, y si no la han visto, háganlo, porque es una buena cinta de terror, una de esas que los seguidores del género deberían ver, entre otras cosas, porque como codirector nunca citado en los créditos está Steven Spielberg. Pero si también son de los que creen en las leyendas negras de las películas malditas, entonces no basta con verlo y ya: *Juegos diabólicos* es *su* película.

Hay una escena, al inicio, con una niña. Los niños siempre dan miedo en las cintas de terror, pero esta es una bellísima niña rubia de ojos azules que siempre está ante el televisor. Su familia, los Freeling, acaban de comprar una bella casa que naturalmente no es lo que parece, y ella, la pequeña Carol Anne, se da cuenta rápidamente de ello. Antes de desaparecer succionada por el televisor grita a la familia: "¡Están aquí!", refiriéndose a las presencias demoníacas. Sin duda da miedo, pero con todo es una película, y de maldita debería tener tan solo la tensión en la que pone al espectador. Y, por el contrario, aquella niña, que en la realidad se llama Heather Michele O'Rourke, tras haber gritado "¡han vuelto!" en la segunda parte de la serie, y cuando acababan de terminar la grabación de la tercera, en 1988, la pequeña Heather muere. Sucede en casa, acabando de volver de la escuela. De repente tiene un colapso y deben llevarla al hospital, donde la operan de una oclusión intestinal. Pero también le ataca una infección y Heather no lo logra. Pobre niña, aunque se trata de un caso de revista médica y no de sitios especializados en leyendas urbanas sobre películas malditas. ¿Entonces qué tiene que ver *Juegos diabólicos*?

El hecho es que unos años antes, en 1982, justo cuando se estrena la cinta, también muere Dominique Dunne, que interpretaba a Dana, la hermana mayor de la familia, y al final de la película gritaba "¿Qué está pasando?" Dominique fue estrangulada por su ex novio frente a su casa. John no aceptaba que ella lo hubiese dejado, así que un día va a verla, discuten, la toma por el cuello y cuando ve que ya no respira la abandona en la acera y escapa. Bueno, dirán algunos, Heather tenía doce años y Dana veintidós, eran muy jóvenes para morir y las dos estaban relacionadas con la cinta, y es más fácil hablar de coincidencias que de maldiciones.

Sin embargo, en 1985 también muere Julian Beck, que en la segunda parte interpreta al reverendo Henry Kane, un espíritu maligno perfectamente adecuado a su rostro huesudo y alucinado. Ingresó a un hospital con un tumor en el estómago que ya traía de tiempo atrás y que al final lo mató. Y dos años después, en 1987, muere Will Sampson, que también en la segunda parte interpretaba al espíritu bueno de un brujo indio, muerto por una infección que le surge luego de un trasplante de corazón realizado unas semanas antes. Bien, tanto Beck como Sampson eran mayores y habían llevado una vida intensa: el primero tenía sesenta años y fue de los fundadores del *Living Theatre*; el segundo tenía cincuenta y ocho y era un conocido actor, que entre sus numerosos papeles interpretados estaba el del enorme indio silencioso en la cinta *Atrapado sin salida* (1975). Además, ambos estaban enfermos.

Pero no importa, basta para crear la leyenda negra de la serie *Poltergeist*, con rumores inquietantes que recorren los sitios webs de apasionados que hablan de la masacre del elenco, de la maldición que ha perseguido a todos los que tuvieron que ver con la cinta como les sucedió a los arqueólogos que descubrieron la tumba de Tutankamón. Y a esto agregan los accidentes ocurridos en el *set*, como incendios, desapariciones de cinta grabada y hasta un exorcismo organizado y solicitado por los técnicos del personal. ¿Pero por qué justamente *Juegos diabólicos*?

Para empezar es una saga de horror, y la primera cinta –porque como siempre sucede las secuelas son de menor calidad- es un clásico del cine de terror. Y hay una relación tan estrecha entre los fans del género y la cinta que nadie querría dejar la historia cuando se encienden las luces de la sala de proyección, todos quisieran de algún modo llevársela con ellos, y la leyenda negra, que traslada el horror de la pantalla a la realidad, es un modo de hacerlo. Es como si los actores siguieran interpretando para nosotros incluso después de los títulos finales, manteniéndonos en la misma tensión.

Luego, es una saga que habla de fantasmas, de espíritus, de presencias demoníacas que, piénsese, cuando son molestadas se enojan y quieren vengarse. Y no solo por el argumento tratado. Hay rumores que hablan de esqueletos verdaderos usados durante las tomas y, por ende, de extraños incidentes e incluso de exorcismos en el *set*, en una espiral de película de terror. Son tan solo rumores, y quizá hechas circular por las oficinas de prensa del estudio cinematográfico, pero bastan para crear una leyenda negra. Una de tantas.

Y es que no solo le ha sucedido a la saga de *Juegos diabólicos*. La historia del cine está llena de cintas malditas. Desde 1922, por ejemplo, con *Nosferatu*, un vampiro interpretado por Max Schreck, un actor poco conocido cuyo nombre significa, curiosamente, "máximo terror", nace la leyenda de que no era un verdadero actor, sino un vampiro de carne y hueso, descubierto por el director y contratado para el papel, leyenda que luego será retomada en el año 2001 por el director E. Ehlias Merhige para su película *La sombra del vampiro*, con Willem Dafoe en el papel principal.

O bien, ya entrados en coincidencias, con *El bebé de Rosemary*, de Roman Polanski, que habla de sectas satánicas y es grabada en 1968 justamente en el edificio frente al cual, en 1980, será asesinado John Lennon. Por no mencionar la muerte de la esposa del cineasta, Sharon Tate, a manos de "La Familia" de Charles Manson, en 1969.

O el helicóptero con la cámara de filmación que en la cinta *Dimensión desconocida* de 1983 se acerca demasiado para repetir una escena, equivoca la maniobra para la explosión de un efecto especial y con la hélice del rotor mata al actor Vic Morrow y a los dos niños de seis y siete años que llevaba en brazos.

O bien, menos trágicamente, los muebles que se dice se movían solos durante la grabación de *El exorcista* (1973), las voces incomprensibles que quedaron grabadas en la película o el incendio que por un momento destruyó el set.

O también los relámpagos que golpearon a los aviones en que viajaban el actor Gregory Peck y el guionista David Seltzer en su viaje a Gran Bretaña para la grabación de *La profecía* (1976); o los rottweilers que misteriosamente atacaron a sus entrenadores; o la bomba que estalló en el hotel donde se hospedaba el director Richard Donner; o el avión que se estrelló en su viaje a Israel, y del cual Peck canceló al último momento su viaje…

¿Será verdad? ¿Existen películas malditas? Si así lo creen, sí existen. Si no, son tan solo coincidencias como muchas de las que suceden en la vida, sobre todo cuando los acontecimientos se extienden a lo largo de los años e involucran a muchas personas. Y así, apenas y se enciende la luz de los títulos finales, todo termina allí, aunque la pequeña Carol Anne, en nuestra cabeza, siga gritando: "¡Están aquí!"

ENTRE LOS FIORDOS, EN NOMBRE DEL SEÑOR OSCURO
Oslo, Noruega, 19 de agosto de 1993

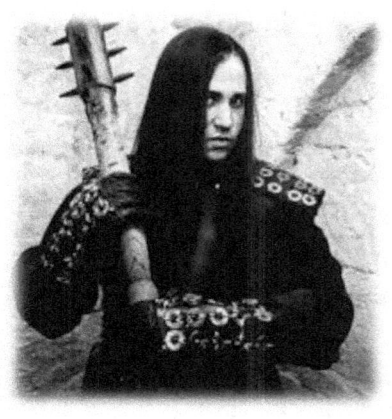

¿Recuerdan cuando en alguna película de terror sale una momia, o un vampiro, un demonio o algún monstruo extraño que lleva durmiendo siglos, y llega el héroe de turno a realizar algo, abre el sarcófago, se pincha un dedo y sale una gota de sangre, lee una fórmula escrita al revés y luego de repente el monstruo abre los ojos, lanza una sonrisa diabólica y luego sucede lo que sucede?

Bueno, en cierto modo eso sucedió en marzo del 2009 en Tønsberg, Noruega, cuando el tribunal anunció la eventual liberación bajo palabra de Varg Vikernes, el líder de *Burzum*, uno de los más famosos grupos de *black metal* noruegos, encarcelado por homicidio e incendio doloso de iglesias. Aunque al momento de abrir los ojos Varg Vikernes no prometió carnicerías como los demonios de las películas sino tan solo retirarse al campo, a cultivar sembradíos y criar vacas.

Sin embargo, a nosotros nos interesa lo que sucedió antes, una historia negra que entra plenamente en el ámbito de la mitad oscura de la música, oscura en todos los sentidos, porque se habla de *black metal* pero también porque en este caso se habla de satanismo. Y de crímenes.

La historia de Varg Vikernes atraviesa tres momentos.

En el primero, el pequeño Kristian –porque todavía se llama así- es tan solo un chico de Bergen, la segunda ciudad de Noruega, un rubio delgado y de mirada saltona, con una barba caprina muy nórdica en el mentón. Kristian está muy confundido, crece en una familia burguesa de ideas un poco racistas y se acerca al movimiento *skinhead*.

Lee mucho las antiguas sagas nórdicas, las de héroes vikingos, de los dioses del panteón escandinavo y de todas las extrañas criaturas que pueblan pantanos y brezales. Pero lee especialmente un libro, *El señor de los anillos*, de John Ronald Reuel Tolkien. La obra maestra de Tolkien, con sus personajes e historias, ha sugestionado e inspirado a muchas generaciones, pero a Kristian le cambia completamente la vida. Y cuando el joven cuasi *skinhead* de Bergen encuentra al *death metal* que en esos años —estamos a caballo entre los años '80 y los '90- se está desarrollando sobre todo en los países escandinavos, está listo para pasar a la segunda fase de su vida.

Varg, según el antiguo lenguaje nórdico, que es el dialecto germánico hablado por los vikingos, quiere decir "lobo". Antes de convertirse en lobo —y agregar al nombre propio también el de Quisling, el primer ministro noruego que colaboraba con los nazis durante la Segunda Guerra Mundial: Varg Quisling Larsson Vikernas, así se hace llamar Kristian- el héroe de nuestra saga era ya un chico que tocaba la guitarra y que hacía y deshacía grupos, como todos los músicos entusiastas y dotados al ingresar en la escena musical local. Primero *Kalashnikov*, luego *Uruk-Hai*, luego una participación en *Satanici* y en *Old Funeral*, banda en la cual descubre definitivamente el *death metal*, velocísimo, pesado y lleno de referencias a la muerte, la destrucción y la mitad oscura.

Pero como todos los músicos entusiastas y dotados, Varg se siente constreñido en el proyecto de otros. Y así, deja *Old Funeral*, que en Escandinavia comienza a labrarse un nombre, regresa a *Huruk-Hai*, que prácticamente es él con otros *session men*, y les cambia en nombre por *Burzum*, que en el lenguaje demoníaco del Señor de los anillos significa oscuridad. También él se cambia el nombre, no de inmediato, pero sí cuando *Burzum* comienza a darse a conocer en la escena del *black metal* noruego.

Nos estamos acercando a la tercera transformación en la vida de Varg Vikernes, la tercera parte de su saga escandinava personal. Solo falta un pasaje.

Burzum y Varg Vikernes triunfan y se vuelven uno de los grupos punta del *black metal* escandinavo. Los suyos son verdaderos *concept albums* que sobre las notas primero velocísimas y obsesivas del metal y luego hipnóticas y estrujantes de la música ambiental, quieren construir un mundo entero de sugestiones paganas de las cuales Varg es el poeta y su sacerdote. Un creador de mundos, como los antiguos autores de las sagas escandinavas.

Pero eso no es todo. En el mundo de Varg las sugestiones paganas son también violentamente anticristianas. Y también algo más, porque Varg el lobo tiene un amigo muy cercano, otro músico del cual admira la música y las ideas. Se llama Oystein Aarseth, pero se hace llamar Euronymous y es el líder de *Mayhem*, otro grupo musical importante. Euronymous tiene una pequeña casa discográfica, *Deathlike Silence Productions*, y tiene un negocio de discos. Los clientes del negocio, entre los cuales están varios músicos como Varg, son un grupo tan unido que los fuereños le llaman *black metal mafia*. Se hacen llamar *Inner Circle*, y vistos desde fuera tienen un aspecto muy particular: el de una secta satánica.

El tercer acto de la saga de Varg Vikernes comienza el 6 de junio de 1992, a las tres de la mañana. La Stavkirke de Fantfort, cerca de Bergen, es una obra de arte de la arquitectura cristiana. Estaba en la aldea de Fana, sobre un pantano, desde 1150, y luego, para salvarla de la destrucción, la desmontaron pieza por pieza y la llevaron cerca de Bergen. Sin embargo, esa noche de junio alguien le prende fuego y la quema completamente. El incendio es doloso, y es similar a otras decenas de incendios que en aquel periodo destruyen otras iglesias cristianas, más o menos históricas, y en las cuales pierde la vida también un bombero.

La policía noruega tiene sus sospechas. Ahí están esos extraños sujetos del *Inner Circle*, y hay uno, un rubio delgado de barba caprina que narra detalles particulares, incluso desconocidos, sobre los incendios. Así, Varg el lobo es arrestado y terminar en la cárcel durante seis meses, antes de que las autoridades se vean obligadas a liberarlo por falta de pruebas. Pero no la ha librado del todo. No logran inculparlo en el incendio de la Starvkirke de Fantoft, pero sí de otras cuatros iglesias. No lo hace por satanismo. Hay muchas corrientes en los grupos que giran alrededor del *Inner Circle*, muchas posiciones filosóficas y religiosas, y la suya, más que a Satanás, se remonta a Odín, el dios principal del panteón escandinavo. Sin embargo, el resultado no cambia: la iglesia de Storetveit y la de Asane, cercana a Bergen, la de Skjold en Vindafjord y la capilla de Holmenkollen en Oslo arden por obra de él.

Pero no es esto lo que manda a prisión al lobo y le vuelve aquel demonio durmiente del que hablamos al inicio. Para cerrar la saga de Varg Vikernes, conde de Grishnackh, hay un homicidio.

Las relaciones con el amigo y colega Euronymous se han deteriorado progresivamente. Varg y *Burzum* tienen cada vez más éxito y Euronymous y Mayhem no pueden permitirlo. Es un poco lo que sucede del otro lado del océano con bandas rivales de *rap* y *hip hop* en Los Ángeles y Nueva York. Así, existe también una variante escandinava de las disputas entre grupos y casas discográficas, donde se sustituyen las pistolas por hachas y cuchillos, más en línea con la tradición vikinga.

El 10 de agosto de 1993 Varg llega a Oslo para encontrarse con Euronynous en su casa. Deben hablar tan solo de contratos y dinero, pero todo termina mal, pues Varg mata a Euronymous con veintitrés puñaladas en la cabeza y la cadera. Varg cuenta a los jueces que había llevado tres cuchillos, una bayoneta y un hacha para defenderse, pero ninguno cree en la tesis de la legítima defensa y así Varg Quisling Larsson Vikernes –Kristian para la ley- obtiene veintiún años, la pena máxima en Noruega para ese tipo de homicidio.

Cuando Varg el lobo obtuvo la libertad condicional en 2009, según sus declaraciones, renunció a la música y a *Burzum* que, entre tanto, ha publicado todo el material escrito por Varg antes de terminar tras las rejas. Renunció a todo y se dedicó tan solo a vacas, leche y semillas, como un héroe de las sagas nórdicas tras una vida de aventuras en los mares y pantanos de Escandinavia.

No muchos le creen, pues las sugestiones del *Inner Circle* son todavía fuertes. Satanás, o quien le sustituya, sigue merodeando por los pantanos.

LA ESCENA DEL CRIMEN

LADY! YOU SHOOT ME!
Los Ángeles, California,
11 de diciembre de 1964

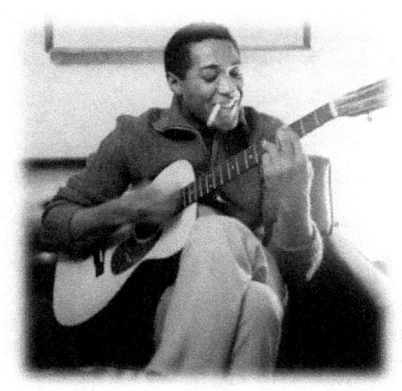

En la fotografía se puede ver a través de una espiral de la puerta entrecerrada. Delante, cubriendo casi toda la vista, se ve la pierna de un policía, con el uniforme azul y la funda de la pistola sobre la pierna. Más allá está él, sentado en el suelo, la cabeza abandonada contra el muro, un brazo entre las piernas. Desnudo, salvo una chaqueta deportiva y unos tenis. Se ve a leguas que está muerto. Lo asesinaron.

Se llama Sam Cooke, y es uno de los más importantes cantantes de *rhythm'n'blues* de principios de los años '60. Si el talento se pudiera medir en números, se podría decir que hasta ese momento Sam Cooke ha vendido diez millones de discos, posee un Ferrari descapotable de quince mil dólares de entonces, y una residencia en Hollywood. Siempre le decía a sus amigos cuando era joven: "cantaré y haré un montón de dinero".

Pero no es así que se valora la música, y para Sam Cooke bastan los títulos de sus canciones: *Send Me, Cupid,* o también *Wonderful World: Don't Know Much About History I don't know much biology*: no sé mucho de historia ni de biología, no conozco de ciencia o del francés que hablas, lo que sé es que te amo y que el mundo es bello contigo. Más o menos dice eso, es un chico de la calle que corteja a una estudiante, y es una de las canciones de amor más bellas jamás escritas. También está *A Change Is Gonna Come* (está por llegar un cambio), el himno del movimiento por los derechos civiles de principios de los años '60 que es considerado el equivalente negro de *Blowin' In The Wind* de Bob Dylan. Un tema al cual Sam era particularmente sensible dado que solo unos años antes había sido arrestado por haber pedido una habitación en un hotel "solo para blancos".

¿Qué tiene que ver ese hombre derribado por tierra, tras la pierna del policía?

¿Y qué lugar es ese? Es el acceso de un hotelillo más bien escuálido de tres dólares la noche que se llama Hacienda Motel y está en *South Central*, un barrio de Los Ángeles. Más que un barrio, es un arrabal de mala fama y peligroso, ayer como hoy. Sam Cooke llegó a las 2:30 a.m. del 11 de diciembre de 1964 junto con una mujer, que firmó como "señora Cooke", aunque no es verdad, porque la señora Cooke es una mujer de color de aspecto muy elegante que se llama Barbara, mientras que esta es una chica asiática muy linda que se llama Elise Boyer y es, sin duda alguna, una prostituta.

Está tirado porque le han disparado tres veces con una pistola calibre .22, de las cuales una fue directo al corazón. Le disparó la portera del motel, una anciana de color de cincuenta y cinco años llamada Berthan Franklin, que luego cogió una escoba y comenzó a golpear en la cabeza a aquel hombre que no quería caer a tierra aunque ya estaba muerto. ¿Pero por qué le ha disparado? Bertha cuenta a la policía que llega poco después, a las 3:15, llamada por la dueña del motel con la cual hablaba la primera cuando Sam le saltó encima y ella le disparó.

Poco antes, Sam Cooke había recorrido el hotel para ir al chalet que se le había asignado. Sin embargo, allí sucedió algo, porque Elise había salido corriendo de la habitación, semidesnuda, con el vestido roto, y Sam corriendo detrás tan solo con la chaqueta y los zapatos. Había llegado hasta la recepción y le había preguntado a Bertha dónde estaba la chica, y cuando la mujer le dijo que llamaría a la policía, él le saltó encima. Ya dijimos que South Central es un barrio bravo, y alguien como Bertha no está detrás de la barra sin una pistola, y de hecho la tiene, una .22 en un cajón, la saca y dispara tres veces a Sam, quien la mira y le dice: *Lady! You shoot me!* (¡Señora, me ha disparado!).

Cuando la policía llega lo encuentra tendido en el acceso, apoyado sobre el muro, Bertha sostiene la escoba en la mano y Elise se oculta en una cabina telefónica, todavía semidesnuda y aterrorizada. La explicación parece simple. Es la enésima muerte de una estrella maldita, muerta debido a su libido y a la sensación de impunidad. El proceso dura pocas audiencias, y en solo quince minutos de deliberación el jurado absuelve a Bertha Franklin por legítima defensa. La historia es archivada, Barbara perdona la memoria del marido y los fans no se dejan espantar por situaciones similares. Sam Cooke es sepultado tras un suntuoso funeral en el Jardín del Honor del *Forest Lawn Park Cemetery*, Ray Charles le canta un fúnebre adiós y sus bellísimas canciones siguen vendiendo millones de discos.

Sin embargo, cierto misterio queda. Sucede en todas las historias de este tipo, y quizá es sugestión o tan solo la dificultad de aceptar una explicación tan banal por la muerte de alguien como Sam Cooke.

Por ejemplo, la policía se pregunta por qué cuando Elise escapó se llevó con ella la ropa interior de Sam. Para esto Sam sale desnudo del chalet, ella ha tomado sus calzones y su cartera. Cuando todo es devuelto a la policía, esta última contiene un billete de veinte dólares, mientras que el barista del local en el que Sam se detuvo a comprar una botella de whisky dice que llegó a ver al menos dos mil.

Y luego, ¿por qué para una sencilla historia de sexo, veloz y ocasional, con una chica desconocida tomada al vuelo, Sam maneja su bellísimo Ferrari descapotable rojo a lo largo de diecisiete millas atravesando Los Ángeles hasta aquel motel en *South Central*?

¿Y por qué cuando se registra da su verdadero nombre? Sam Cooke, en aquel motel de tres dólares la noche, en South Central, con una supuesta señora Cooke. Claro, a Sam lo conocían todos, en especial la gente de color que escuchaba *R&B* como la señora Bertha. Si alguien hubiera leído aquel registro y le hubiera venido a la mente revisar, seguramente habrían surgido los extremos para un juicio millonario de divorcio.

Extrañezas de estrella, obviamente. O quizá no.

En todo caso, desde 1986 Sam Cooke entra en el *Rock And Roll Hall Of Fame* por las canciones que ha escrito y por el modo de cantarlas.

La forma en que murió, desde este punto de vista, cuenta poco o nada, y esa foto en blanco y negro que lo retrata detrás de la pierna del policía, con los ojos cerrados y el abdomen descubierto, vale seguramente menos que las portadas de sus discos.

AQUEL TERRIBLE OLOR QUE SALE DEL JARDÍN
Cook, Chicago, 19 de mayo de 1994

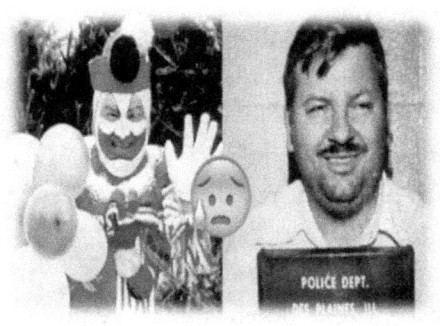

El *American dream*, el sueño americano por excelencia, también puede ser una cantera inagotable de personajes siniestramente pintorescos que inspirarán a escritores como el "rey del terror", Stephen King, a crear seres terroríficos que acosan y martirizan a sus víctimas, aunque la realidad puede superar con creces a la imaginación más retorcida. Es el caso, por ejemplo, del payaso Pennywise, el monstruo espectral de la novela *Eso*, inspirado a partir de uno de los asesinos en serie más brutales que la historia del crimen conserva.

Sin embargo, finjamos por un momento que nunca sucedió, que un hombre llamado John Wayne Gacy nunca existió y que nadie cometió lo que él cometió. Finjamos que un grupo de guionistas se han sentado alrededor de un escritorio en el departamento de proyectos de algún estudio cinematográfico. El productor les ha pedido que inventen la historia más increíble de asesinos en serie y se ponen a trabajar. ¿Cuántos muertos? Muchos, es un asesino en serie, veinte, treinta... no, treinta y tres. Treinta y tres jóvenes adolescentes. ¿Y él? Libre de sospecha, naturalmente, el vecino de casa perfecto, bien insertado en la sociedad, comprometido en obras de voluntariado, gran organizador de fiestas en el suburbio. Luego, dos golpes de genialidad. El nombre, tan estadounidense y heroico al mismo tiempo que extraño: John Wayne Gacy. Y el disfraz usado para animar las fiestas y hacer reír a los niños, el de un payaso. ¿Hay algo más inquietante, más espantoso, más terrible que una máscara blanca de grandes ojos coloridos y la nariz roja cuando la lleva uno de los más feroces asesinos en serie de todos los tiempos?

Si nunca hubiera existido John Wayne Gacy, su historia habría hecho una fortuna al grupo de guionistas y se habría vuelto seguramente una gran cinta. Pero Gacy existió realmente, su historia debe ser considerada por lo que es, no una fuente de diversión sino un punto de reflexión sobre lo que sucede en el mundo. Y como siempre sucede en estos casos, supera ampliamente la fantasía del más fantasioso guionista de Hollywood.

Al inicio siempre parece la perfecta materialización del *american dream*, tal como lo vemos en las cintas o lo proponen los telepredicadores. John Wayne es un buen chico que se ha forjado a sí mismo y se pone manos a la obra. Trabaja para mantenerse en el colegio y logra un título en economía en Chicago. Es un vendedor nato, capaz de encantar a cualquiera y venderle lo que sea, zapatos para caballero en su caso, y luego ropa. Conoce a una compañera de trabajo, Marlynn, y se casa con ella. El padre de ella es el propietario de la cadena del *Kentucky Fried Chicken* –y también aquí es difícil pensar en algo más estadounidense- y John Wayne pasa a trabajar para el suegro. No es tan solo un prototipo de gerente, es uno muy bueno, que trabaja doce, trece, catorce horas al día, y todos lo estiman. Además, es muy activo en la sección local del Jaycess, un grupo de voluntariado financiado por la cámara de comercio y, por si fuera poco, *boy scout*, guardia nacional, miembro de asociaciones religiosas... John Wayne Gacy no descansa.

A principios de los años '70, tiene un buen trabajo, una mujer a la que adora, dos hijos, voluntariado activo... ¿hay algo que pueda perturbar la vida de John Wayne? Sí. Al inicio son tan solo voces, luego se vuelven acusaciones directas y al final un proceso. Mark Miller, un adolescente que trabaja en el negocio de *fast food* con él, lo acusa de haberle llevado a casa, unos años antes, y de haberlo violado. De repente, los amigos y colegas de John Wayne recuerdan que siempre se ha rodeado de jóvenes adolescentes atractivos, así que... ¿será posible?

John Wayne es condenado a diez años de prisión. Cumple tan solo dos porque es un prisionero modelo, pero mientras tanto pierde amigos, esposa y trabajo. En 1968 se acaba el *american dream*.

¿Pero es realmente así? La particularidad del Gran Sueño estadounidense es que siempre ofrece otra oportunidad a quien quiera disfrutarla. John Wayne es un chico listo capaz de labrarse un camino.

Vuelve a Illinois y encuentra otro trabajo como cocinero en un restaurant. Se casa con Carole, que ya tiene dos hijos a los que John quiere como si fueran suyos, y todo parece volver a la normalidad. Hay un jardín en su casa, en *Sommersdale Avenue*, en un suburbio de Chicago, en donde Wayne organiza parrilladas para los vecinos, que a veces se vuelven grandiosas fiestas en donde participan hasta trescientas personas. Son fiesta temáticas, ya sea hawaianas o del Oeste, y siempre todo está perfecto, salvo aquel extraño olor que surge de una esquina del jardín. Son las cloacas, dice John Wayne. Las han puesto mal y algo se está pudriendo. Nada grave.

John Wayne tiene carisma, una capacidad de entrar en relación con las personas que no debe desperdiciar. Así piensa Robert Matwick, un representante local del partido demócrata, que lo involucra en actividades de propaganda y voluntariado. John Wayne es muy bueno con los niños, hace presentaciones en las escuelas vestido de payaso, un gordo payaso con una peluca de risos coloridos, el rostro maquillado de blanco, con grandes ojos negros y la nariz roja en forma de cereza. Pogo el Payaso, se hace llamar. ¿Cómo no estimar a ese gigante de cara redonda que siempre sonríe? Parece el sargento García, el de las películas del Zorro. Matwick queda convencido y lo involucra en la comisión ciudadana para la iluminación vial. Es el primero paso en la política local.

Y aquí, en el ascenso de su nueva vida, cuando el personaje parece resurgir, los guionistas del estudio colocan otra vuelta de tuerca, otra dificultad que parece poner todo en discusión. La vida no lo es menos.

Es el año 1974 y vuelven aquellos rumores. Esos adolescentes atractivos que lo rodean siempre. John Wayne ha cambiado de trabajo, ha creado la *Pdm Contractors Inc.*, que se ocupa de pintar y arreglar casas, y también este cambiar continuamente de actividad exitosamente es mucho *american dream*. Tiene a muchísimos jóvenes trabajando, para disminuir costos, dice él, pero la gente comienza a pensar mal. Porque sus jóvenes constructores no solo lo frecuentan de forma insistente y ambigua, sino que, tiempo después, desaparecen.

Por ejemplo, Johnny Butkovich, de 17 años. Un día va a la casa de John Wayne porque le debe tres semanas de paga que no quiere darle, y desde entonces nadie ha vuelto a verle.

También está Michael Bonnin, igualmente de 17 años, que en la empresa de John Wayne es carpintero. Michael se dirige a la estación para tomar el tren que lo conduzca a su familia y no vuelve más. Y Gregory Godzick, de 17 años, especializado en trabajos de limpieza. Y no solo los jóvenes que trabajan en la Pdm de John Wayne desaparecen en los alrededores de Chicago en aquellos años. Está Billy Carroll Jr., un joven vagabundo de 17 años, huido de casa tras haberse arriesgado a entrar en el reformatorio, que se mantiene organizando encuentros homosexuales con gente de su edad, y también está John Szyc, de 19 años, que desaparece mientras pasea en su coche. Y Robert Gilroy, de 18 años, que sale para ir a ver una carrera de caballos y no vuelve más.

¿Y qué tiene que ver John Wayne con todo esto?

El coche de John Szyc, por ejemplo, su Plymouth Satellite de 1971, es hallado en una estación de servicio. Al volante va otro adolescente que intentó escapar para no pagar la gasolina. Dice a la policía que el coche se lo dio su amante, un señor de Chicago, un empresario. John Wayne Gacy. Sí, admite John Wayne, el vehículo se lo dio él. Era de Johnny Szyc, él se lo vendió, muestra los documentos, la firma. No parece la firma de Szyc, pero por ahora no importa.

Se necesita un vuelvo de la historia, y se requiere un antagonista de John Wayne. Sentados alrededor de la mesa, nuestros guionistas intentarían la solución más extraña y sorprendente. En la realidad las cosas son de otro modo. Simplemente suceden, y en su sencillez parecen todavía más crudas e inquietantes.

Estamos en 1977 y ha desaparecido otro chico, Robert Price, de 15 años. Trabaja en una farmacia pero está cansado, y tras el horario de cierre mantiene un coloquio con un posible patrón. Su madre lo espera en casa, y cuando ha pasado ya bastante tiempo pensando lo peor se dirige a la policía y denuncia la desaparición.

Nuestro detective se llama Joseph Kozenczak y está de servicio en el departamento de policía de Des Plantes. Recaba la denuncia de la señora Priest y pide el nombre del sujeto con el cual Robert debía hablar esa noche. Tiene un nombre cómico, muy estadounidense.

Se llama John Wayne Gacy.

El teniente Kozenczak tiene sus sospechas. En la estación de policía, John Wayne ha respondido a todas las preguntas y dice no saber nada del joven Robert y de su desaparición, pero el teniente no queda convencido. Hay algo extraño, *siente* algo extraño, cuestión de olfato, de esas cosas que se ven en las películas de policías, en especial en las de asesinos en serie.

Entonces el teniente Kozenczak revisa los antecedentes penales de John Wayne y descubre que ha estado en prisión por haber abusado sexualmente de un adolescente. Es suficiente para obtener del juez una orden de cateo en la casa de John Wayne.

No hallan gran cosa. Una serie de películas porno, libros de contenido gay, un poco de humo, una pequeña pistola, un par de esposas y un cuchillo. Hay playeras de talla más chica, ¿pero qué significa? Hay un pene de goma de dieciocho centímetros, ¿pero qué significa? Aparte de droga, no hay nada que configure un delito serio. Lo arrestan, pero no tienen entre manos nada contra el buen John Wayne, que se hace fotografiar en blanco y negro, con un cartel numerado sobre el pecho y su sonrisa resplandeciente.

Pero hay algo extraño aquí. El teniente Kozenczak se da cuenta de ellos cuando vuelve a casa de John Wayne la segunda vez.

Ese olor horrible que sale del jardín.

John Wayne entiende que las cosas se están poniendo mal y comienza a admitir algo. Sí, ha matado a un chico, pero se trató de legítima defensa. Quería chantajearlo, luego lo agredió, y entonces él reaccionó y lo mató. Lo sepultó bajo el garaje. Y, de hecho, allí encuentra la policía restos de un cuerpo. Pero siempre está ese olor tan fuerte. Demasiado fuerte.

El doctor Robert Stein, coronel del condado de Cook, donde se halla la casa de John Wayne, dirige los trabajos en el jardín como si se tratase de una excavación arqueológica. Sale un cuerpo, luego otro, y otro más. Los vecinos —que habían acudido ante la policía a declarar que John Wayne era un buen hombre y que nunca, absolutamente nunca, haría daño a alguien- presencian atónitos los trabajos que se prolongan durante toda la noche y en los días sucesivos.

Excavan durante dos meses.

Terminan saliendo veintisiete cuerpos.

Luego otros dos en la orilla del río que pasa cerca de la casa, y otro más en el cemento de los cimientos, otros dos en el río y otro bajo el pavimento de la taberna.

En total, treinta y tres muertos.

Entre tanto, John Wayne Gacy, sentado en la sala de interrogatorios de la estación de policía, igual que en una película, comenzó a confesar.

El primero lo mató en 1972, en enero. El segundo exactamente dos años después, en enero de 1974. Luego ya no se detuvo. Los esposaba, les metía un calzón o una camiseta en la boca, para que no gritasen, y los violaba. Al final los mataba y ahogaba durante la violencia, y entonces los sepultaba en el jardín, uno cerca del otro, para ahorrar espacio. A partir de cierto momento lo fue haciendo con mayor frecuencia, y a veces ocurría que mataba a más de uno al día. El sueño americano para John Wayne y para los adolescentes que había matado se había vuelto una pesadilla.

El proceso se abre en febrero de 1980. El verdadero tema sobre el cual las cinco mujeres y los siete hombres que componen el jurado deben reflexionar no es si John Wayne es o no culpable, las pruebas son demasiadas, sino si está o no loco. A esto se enfrentan el fiscal de distrito Bob Egan, quien sostiene la acusación, y el abogado defensor de Wayne, Robert Motta. Todo radica en si se le da la pena capital o se le envía a un manicomio criminal.

También durante el proceso hay golpes de escena dignos de un guion hollywoodense. La defensa presenta un testigo sorpresa, uno de los chicos que habían sido violados por John Wayne antes de que comenzase a matar. Jeffrey Ringall declara que John Wayne lo había atacado con tal violencia que le hizo pensar que era presa de una furia incontenible, totalmente incapaz de controlarse. Parecía un loco.

Luego llegaron la madre y la hermana de John Wayne, quienes hablan de lo autoritario y despótico que era el padre. Golpeaba al pequeño Wayne con un cinturón de piel y algunas veces incluso abusaba de él.

Llegan los vecinos, que lo describen como un hombre maravilloso, siempre dispuesto a ayudar a todos, siempre sonriente, uno en quien poder confiar para cualquier cosa. En resumen, el vecino perfecto. Al menos hasta antes de descubrir que era un peligroso asesino en serie.

Llegan los psiquiatras, naturalmente, que hablan de incapacidad de entender y de querer, y de distinguir la gravedad de las acciones cometidas.

Para la parte acusadora, John Wayne sabía muy bien lo que hacía cuando violaba y ahogaba a todos esos adolescentes.

John Wayne sigue todo el proceso sin pestañear. Escucha todas las declaraciones de los testigos y de los peritos –son más de cien, incluida la de Ringal, que vomita y se pone a llorar en la sala- sin mostrar la más mínima emoción. Luego el jurado se retira y un par de horas después se emite el veredicto. Los abogados defensores siempre dirán que en casos como estos, entre más tarda el jurado en emitir el veredicto, mejor. Dos horas no son nada, prácticamente de inmediato. El abogado Motta lo entiende apenas y es llamado a la sala.

Culpable.

Capaz de entender y de querer.

Condena a muerte.

Aquí termina la historia de John Wayne Gacy, uno de los asesinos en serie más feroces e increíbles de todos los tiempos. En una película lo veríamos desaparecer al disolverse su sonrisa del sargento García, quizá con su máscara de payaso bajo las facciones, como Norman Bates de *Psicosis* con la momia de la madre muerta. Tendido sobre el catre del pasillo de la muerte en la cárcel del condado de Cook, en Chicago, en espera de la inyección letal que lo matará el 10 de mayo de 1994, tras haber tapizado la celda con retratos de payaso que ahora, en el mercado, valen muchísimo dinero.

En la realidad quedan todas las interrogantes que una historia como esta plantea y continúa planteando, todos los puntos de reflexión. Con todo, Gacy ha alcanzado la inmortalidad en la cultura popular gracias a Pennywise, aquel siniestro payaso que seguirá asustando a millones de lectores y cinéfilos con sus globos rojos y susurrando: "aquí todos flotan".

¿Pero cómo es posible? ¿Cómo es posible que el perfecto vecino de casa, ese buen chico de John Wayne Gacy, el protagonista del *american dream*, que Pogo el payaso haya podido violar, matar y sepultar a treinta y tres chicos prácticamente ante los ojos de todos?

LA IRONÍA MORTAL DEL DESTINO
Suburbios de Washington, EE. UU., 1 de abril de 1984

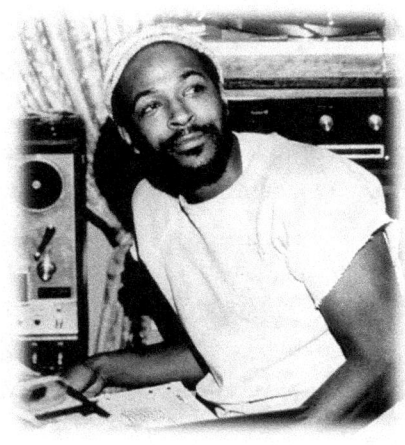

Hay una estrella en el *Rock And Roll Hall of Fame* de Cleveland, el museo de la música que cada año acoge a los personajes que han influido fuertemente al *rock and roll*. En el grupo de 1987, junto a los nombres de Aretha Franklin, B. B. King y otros, está un músico de Washington que para la Motown –la mítica casa discográfica de Detroit que entre *soul*, disco, pop y *rhythm and blues* prácticamente inventó la música negra- ha escrito más de doscientas canciones, de las cuales sesenta y seis encabezan las listas de popularidad. Se llama Marvin Gaye, o mejor dicho, se llamaba, porque en 1984 fue asesinado de dos disparos. Lo mató su padre, Marvin Gay *senior*, pero muchos dicen que no es verdad. Fue el propio Marvin Gaye quien se mató. Claro, el gatillo lo apretó el padre y por ello terminó en prisión, pero quien provocó el homicidio fue aquel músico talentoso que está en el *Hall of Fame*.

La historia comienza el 2 de abril de 1939, cuando en un suburbio de Washington nace Marvin Prentz Gay *junior*, el segundo de cuatro hijos del cuasi reverendo Marvin Gay *senior*, llegado a la capital desde una fábrica perdida en el corazón de Kentucky siguiendo a su congregación, llamada *House of God* (Casa de Dios), pero también *The Holy Church of the Living God, the Pillar and the Ground of the Truth, the House of Prayer for All the People* (La santa iglesia del Dios viviente, pila y cimiento de la verdad, casa de oración para todos los pueblos). Tantos nombres para una secta que une hebraísmo ortodoxo y cristianismo pentecostal. Marvin Gay *senior* quería volverse el *chief apostole*, el apóstol jefe, el reverendo de su iglesia, pero no lo logra, el encargo se lo dan a otro pastor, y entonces abandona la congregación, llevándose con él una carga devastadora de frustraciones personales y prohibiciones religiosas que descarga sobre sus hijos, dado que estando desocupado la mayor parte del tiempo está en casa con ellos, mientras la mujer trabaja como camarera.

Así, el joven Marvin Pentz crece sin poder mirar la televisión, y quizá esto no sea malo, pero también sin poder hacer deporte, sin poder ir a bailar o al cine, sin poder escuchar música, sin poderse siquiera peinar, encerrado en la casa del viernes al domingo debido al largo *Sabbath*, tal como lo entiende la Casa de Dios, rodeado de palizas. Nada de música en casa de Gay, aparte de la religiosa, y es allí que el pequeño Marvin se refugia. Tiene un talento natural para la música, hay un piano en casa y el padre le permite tocarlo; allí interpreta spiritual y góspel. Luego, apenas Marvin *senior* sale de casa, pasa al *blues* y a las canciones populares, tocadas de oído, porque Marvin no sabe leer las notas musicales.

La música es su vía de fuga ante una vida con un *cruel and allpowerful king* (cruel y todopoderoso rey) como define a su padre. A los quince años Marvin toca con un grupillo del bachillerato, *De Tones*, va a los conciertos de James Brown y de Sam Cooke a escondidas, también escucha los discos de blancos como Dean Martin, y apenas está en posibilidad de hacerlo, escapa, del modo en que un chico como él puede hacerlo: se enrola en la aviación. Permanece allí poco tiempo, lo licencian por incapacidad para la vida militar, pero ya logró salir de casa. Se une con los amigos de *De Tones* en un grupo vocal llamado *The Marquees* y toca *doo wop*, una especie de *blues* un poco negro y un poco blanco, muy rítmico y lleno de sonidos sin sentido, y con ello se da a conocer ante un grande de la música negra, Bo Diddley, quien se lo presenta a un *manager* que lo lleva a la Motown de Chicago.

Así, Marvin Pentz Gay se convierte en Marvin Gaye, con E, un poco para distinguirse de la familia paterna y un poco para que suene mejor que la palabra *gay*, sector con el cual Marvin tiene problemas.

Y no solo problemas por la homofobia. Poco a poco Marvin va ganándose su lugar en las listas de popularidad, en las ganancias de la casa discográfica, de cuyo fundador desposa a la hija, y en el *Hall of Fame* hasta convertirse en un *sex symbol* refinado y sonriente con éxitos mundiales como *Sexual Healing*, una pieza lenta y suave con texturas de *reggae*, uno de los sencillos más vendidos en la historia de la música. Marvin sigue viviendo dentro de él mismo como si todavía estuviera en la casa vecina a la Iglesia de Dios, con el rey cruel y todopoderoso. Sus miedos y frustraciones crecen y explotan cada vez con mayor frecuencia, lo poseen como aquellos demonios que obsesionaban al predicador Gay, y lo vuelven esclavo de una mitad oscura bastante profunda.

Marvin Gaye también será un espléndido músico, pero estar junto a él es verdaderamente imposible. Es homofóbico, tiene miedo de todo aquello que podría hacerle ver *gay*, pero no logra evitar endosar, de vez en cuando, prendas femeninas. Es un *sex symbol* pero parece odiar a las mujeres, las trata mal, y no solo con juegos sadomasoquistas a los que se dedica en la intimidad, sino también en su vida pública. Le gusta humillarlas, darles órdenes, quiere que satisfagan sus *evil fantasies*, como les llama, sus fantasías diabólicas. También es un megalómano. "Dios y yo trabajamos juntos", declara. No es Beethoven solo porque Beethoven ya tuvo su momento, pero se equipararán con él. Y todo el día anda con un chaleco antibalas, teme ser envenenado y tiene una metralleta en su recámara. También reconoce que gasta como loco en residencias, autos, divorcios… gana cientos de miles de dólares y tiene deudas por millones. Y, naturalmente, se droga. Mariguana es lo normal; cocaína, con frecuencia; polvo de ángel y heroína, y esto es peligroso.

Luego llega un momento en el que el encuentro con las pesadillas del pasado que ahora son los demonios del presente se vuelve inevitable y perturbador. A principios de 1984 Marvin vuelve a casa de su padre. No en la misma casa cercana a la iglesia, sino a una espléndida residencia estilo eduardiana que ha regalado a su familia. Pero también allí está su padre, y han pasado al menos veinticinco años desde que Marvin padre y Marvin hijo no están juntos bajo el mismo techo.

Pero ahora Marvin ya no es el chiquillo asustadizo al que le atizaba sin piedad. Marvin Pentz Gay ahora es Marvin Gaye.

Sucede el 1 de abril de 1984, un día antes de que Marvin cumpla cuarenta y cinco años. Es el último de tantos pleitos que han tenido desde que están de nuevo juntos. El señor Gay estaba gritando a su esposa desde el fondo de las escaleras, Marvin le ha pedido que pare, el otro sube y Marvin se lanza contra él a puñetazos y patadas, por lo que el señor Gay toma una pistola, una *Smith & Wesson* calibre .38, vuelve arriba y le dispara al hijo. Marvin estaba en la recámara, sentado en la cama. El primer disparo le atraviesa el corazón y lo derriba. El segundo era ya inútil porque prácticamente ya está muerto.

Así muere Marvin Gaye, estrella del *Hall of Fame*, gran músico y pésimo carácter, devorado por los demonios de la infancia. Cierto, el padre le dispara, también devorado por sus demonios, y por ello fue condenado a seis años de prisión, que no cumple por ser ya demasiado viejo y estar demasiado enfermo al momento del proceso.

En casa, la *Smith & Wesson* calibre .38 que mató a Marvin Gaye se la había regalado a su padre un año antes.

TRAGEDIA EN *MULLHOLAND DRIVE*
Los Ángeles, California, 16 de mayo de 1990

No es fácil ser hijo de una estrella. Claro, no es fácil ser tantas otras cosas, por ejemplo, nacer en una familia pobre y disfuncional y con muchos problemas. Pero desde el punto de vista del equilibrio emotivo, también nacer de padres ricos y famosos puede ser un problema.

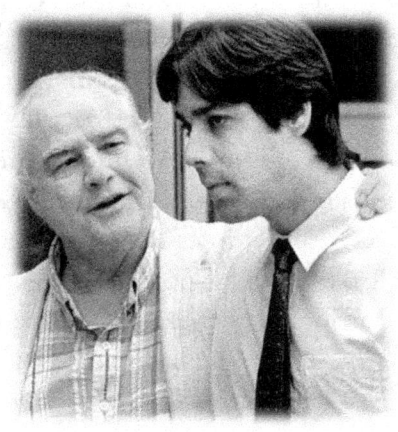

Christian Brando nació de padres ricos y famosos. Uno en particular, el que le da el apellido, es el actor Marlon Brando, el de películas como *Nido de Ratas*, *Un tranvía llamado deseo*, *El último tango en París* y *El padrino*.

No es fácil ser hijo de Marlon Brando, aunque viva en una isla privada en Polinesia, Tahití. Significa asistir a todas las peleas entre un *sex symbol* obsesionado por las mujeres como Marion y su esposa Anna Kashfi, la madre de Christian, una bellísima actriz hindú neurótica, alcohólica y muy celosa. Cuando el tribunal entrega la custodia de Christian al padre por los problemas de Anna con las drogas, ella lo rapta aprovechando que Marlon está grabando *El último tango en París*, y se lo lleva a una comuna en California.

También Christian pone de su parte. Abandona la escuela, se casa, luego se divorcia y la esposa pone entre las causas de la separación el que Christian haya intentado violarla y matarla. También le dispara a un amigo suyo, salvándose por un pelo. El problema es la combinación de dos elementos bastante peligrosos al juntarlos: el que Christian sea un apasionado de las armas y que al mismo tiempo se drogue.

El 16 de mayo de 1990, a las once de la noche, Christian Brando está en la residencia de su padre, un complejo residencial de tres inmuebles dentro de dos acres de parque y bosque sobre *Mulholland*

Drive, en Los Ángeles. Está totalmente ebrio y lleva en la mano una .45. Dentro de una de las habitaciones, sentado en un diván, está un hombre corpulento y musculoso, que mira la televisión y enrolla un papelillo para prepararse un cigarro. Christian Brando entra hecho una furia y le apunta con el arma a la cabeza.

-¡Has golpeado a mi hermana! –grita.

Del otro lado de la villa, Marlon Brando escucha un disparo. El lugar es grande, pero una calibre .45 hace mucho ruido, sobre todo de noche, y todos escuchan la detonación, huéspedes y domésticos. Marlon Brando es de los primeros en llegar, ve a su hijo de pie, con la pistola en la mano, y observa a aquel hombre sobre el sofá, con un orificio en la cabeza. Intenta reanimarlo, le da incluso respiración boca a boca, pero no logra nada, por lo que llama a la policía.

Parece una película, una de las interpretadas por Brando, o incluso la única interpretada por Christian en edad adulta, *La posta in gioco* (1987) donde interpretaba a un asesino de la mafia. Pero esto no es una película, es la realidad, y el agente Steve Cunningham, el primero en llegar tras la llamada al 911, le pone las esposas a Christian, y el detective Steve Osti, de la división de homicidios de la policía de Los Ángeles, a quien se le delegó el caso, se lo lleva detenido acusado de homicidio doloso.

-Sí –dice de inmediato Christian Brando- yo le disparé. Pero no lo hice a propósito.

Le ha disparado él. ¿Pero por qué? ¿Y quién es el hombre corpulento al que mató?

Christian tiene una hermana llamada Tarita Cheyenne Brando, y ni siquiera para ella es fácil ser la hija de una estrella. A los once años de edad, Cheyenne decía a sus compañeras de escuela que era la chica más bella e inteligente de toda la Polinesia –también vivía en la isla privada de Brando- y además la más rica, porque era hija de un actor famoso. Egoísta, megalómana aunque frágil e insegura, Cheyenne es una chica bellísima, hasta que un día se desfigura en un accidente de tránsito, cuando sale ebria a la calle en un coche a toda velocidad y bajo el efecto de los estupefacientes. No queda desfigurada por mucho tiempo, la cirugía plástica hace milagros, y a Cheyenne no le falta el dinero, pero si antes era inestable e insegura, ahora lo es todavía más.

Christian adora a su hermana. Tan desafortunada, tan frágil, tan necesitada de protección. Cheyenne se mete en un lío tras otro, deja la isla cercana a Tahití para irse a vivir a la residencia de Brandon en Los Ángeles, pero allí también discute con su padre. Entre tanto, tiene un romance con un viejo amigo de infancia y queda embarazada.

El amigo en cuestión se llama Dag Drollet. Permanece al lado de Cheyenne, combate junto a ella el alcoholismo, la toxicodependencia, la depresión y la esquizofrenia, todas esas cosas que no vuelven fácil la vida en común. Su padre le pide que se vaya, y Dag no puede más y abandona a Cheyenne. Sin embargo, luego deciden probar de nuevo y la alcanza en Los Ángeles. Viven separados, ella en un apartamento de la ciudad y él en una residencia de Brando.

Aquel 16 de mayo de 1990 Christian y Cheyenne están cenando en *Musso & Frank Grill*, un exclusivo restaurante de Los Angeles. Ambos están muy borrachos, los dos son bastante inestables emocionalmente, y Christian escucha con horror la historia que le cuenta su hermana. Dice que Dag la ha violado, que la ha golpeado, que la tortura mental y físicamente. Christian vuelve a casa.

—No podía dejar de pensar en ello —dirá después.

Allí toma la pistola, entra en la habitación de Dag y le dispara.

La noticia termina en todos los diarios y el proceso que le sigue se vuelve uno de los casos del año. Christian termina procesado, y para evitar que pueda eventualmente escapar al extranjero el juez establece una caución de diez millones de dólares, demasiado incluso para Marlon Brando, quien llama a un amigo suyo para defender al hijo, el abogado William Kunstler, y lo hace al estilo de Marlon. Le telefonea esa misma noche y le dice: *"The Messenger of misery has visited my house"* (el mensajero de la infelicidad ha visitado mi casa).

No es motivo de discusión el que Christian haya matado a Dag, como tampoco el hecho de que Dag nunca haya golpeado a Cheyenne y que ella se inventó todo. El problema es entender qué sucedió en esa habitación. Christian dice que habían peleado, que Dag tomó la pistola y que le disparó.

Para la autoridad no es así. Dag fue atacado desde atrás, y los enfermeros que llegaron con la ambulancia dicen que no había señales de pelea y que Dag todavía tenía la bolsa del tabaco en una mano y el telecomando de la televisión en la otra. Así que no fue un accidente, sino un homicidio. *First degree murder*, homicidio en primer grado.

Sin embargo, al fiscal le falta algo: la declaración de Cheyenne, lo que la chica ha contado a Christian y el modo en que lo hizo, que luego sería el móvil del homicidio. Pero Cheyenne no está, Marlon Brando la embarcó en un avión y la envió a Tahití, y de allí la chica no vuelve y no realiza ninguna declaración.

No es fácil procesar a Christian y obtener los dieciséis años de cárcel que pide la acusación.

-Marlon Brando es rico y famoso, y sus abogados son buenos – dice el padre de Dag-. Hallarán la forma de sacar a Christian.

-Este es el proceso a Marlon Brando –dice el abogado de los Brando-. Si Christian hubiera sido negro, mexicano o pobre, con las pruebas existentes no terminaría dentro.

Al final se llega a un acuerdo. En marzo de 1991 Christian se declara culpable de homicidio y es condenado a diez años, que compurgará en la colonia penal de San Luis Obispo, California. Allí cumple la mayor parte, luego sale, se casa con una chica que dice ser una hija ilegítima de Elvis Presley y también termina en problemas con ella, quien le acusa de haber intentado matarla.

Christian muere de pulmonía en enero del 2008, a la edad de cuarenta y nueve años.

Mientras está en prisión le ha llegado otra mala noticia. Porque si para él no es fácil ser hijo de una estrella, tampoco lo es para Cheyenne.

Apenas llegada a Tahití, antes del proceso, trae al mundo el hijo que esperaba de Dag y de inmediato, cuando todavía está en el hospital, intenta matarse con una sobredosis de barbitúricos. No lo logra, y antes siquiera de ser dada de alta intenta ahorcarse, pero la salvan también esa vez. En casa es vigilada, pero no es fácil impedir a un suicida matarse. Cheyenne lo logra en 1995: se ahorca en casa de su madre.

BAJO LOS OJOS DE 95 MILLONES DE PERSONAS
Los Ángeles, California, 12 de junio de 1994

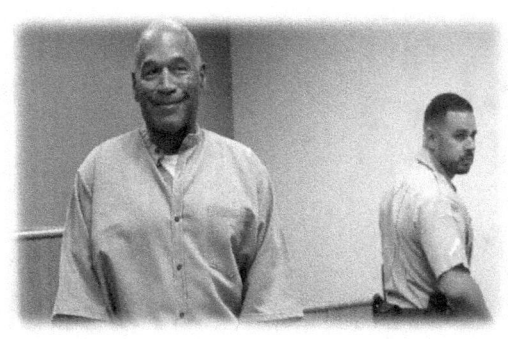

Hay un todoterreno blanco, un Bronco de la Ford, que está escapando sobre la autopista seguido por algunas patrullas policíacas. Está en la televisión, en directo, porque sobre la Freeway 405 que atraviesa el sur de California prácticamente hay una parvada de helicópteros de canales televisivos especializados en noticias que está grabando todo. El Bronco blanco no escapa a toda velocidad, los autos de la policía van detrás, con las torretas y las sirenas encendidas, persiguiéndolo, y dentro del todoterreno va un hombre al volante y otro en el asiento trasero, que le apunta con una pistola a la cabeza. Esa es la razón por la cual las patrullas no han detenido al pequeño Bronco que va lento, como en una persecución a cámara lenta. El hombre con la pistola es un negro grande y obeso, y por las cintas televisivas y la voz de los comentaristas todos saben quién es y cómo se llama. Se llama O. J. Simpson, un ex campeón de futbol americano. Más aún: es un ex héroe del futbol, inscrito en el álbum de oro de los profesionales desde 1985; es una estrella del cine y de la televisión, por haber participado en publicidad, programas deportivos y películas con Paul Newman y Steve McQueen, como *Infierno en la torre* (1975). Famoso no solo en los Estados Unidos de Norteamérica, donde es una especie de ídolo, sino en todo el mundo. De ahí por qué dicha persecución tan extraña y aparentemente tan banal es seguida por una audiencia de al menos noventa y cinco millones de personas.

La historia de aquella persecución comienza cinco días antes, el 12 de junio de 1994, en Brentwood, un barrio residencial de Los Ángeles.

Son las 12:10. Dos personas pasan ante *Bundy Drive*, un condominio de lujo, y observan algo sobre el sendero que lleva al ingreso. Es una mujer, tirada en un charco de sangre. Llaman al 911, la policía llega a toda prisa y descubre el cuerpo de un hombre, también en medio de un charco de sangre, siempre sobre el sendero, un poco más allá. El hombre y la mujer han sido asesinados a puñaladas. Ella ha recibido doce, dos de ellas en las manos, inferidas al momento de defenderse, y las demás en la cabeza y el cuello. Una, la única mortal, le ha cortado la garganta de lado a lado y tan profundamente que llega a comprometer la tercera vértebra cervical. Murió un minuto después. Por el contrario, él se llevó veinte lesiones en la cabeza, la garganta, el pecho y el abdomen. De ellas, una en la garganta y una en el vientre han sido mortales. Murió minuto y medio después.

Quien los mató primero la atacó a ella, atacándola y dejándola herida en el suelo, luego se fue contra él, lo atacó y lo mató, luego volvió a ella y la remató. Así lo hacen pensar las lesiones y las huellas dejadas en el lugar del delito. Nicole estaba en el suelo, herida, bocabajo. Alguien la tomó del cabello, le estiró la cabeza hacia atrás y le cortó la garganta.

El asesino era presa de una furia desencadenada. Hay sangre por doquier, bajo los cuerpos, en el sendero, incluso sobre el muro. Hay huellas de zapatos que se alejan de la sangre hacia el callejón detrás del condominio, y al lado de las huellas de las suelas hay pequeñas gotas de sangre, como si quien se hubiese alejado hubiere llevado goteando el cuchillo asesino con el cual mató al hombre y a la mujer. Hay sangre en el menú de un restaurant que está cerca de la mujer y también sobre un guante izquierdo de piel, abandonado sobre el sendero. Hay mucha sangre, y para que el médico forense y los peritos lleguen hasta los cuerpos sin mancharse los zapatos, algunos agentes poco expertos extienden toallas de papel sobre el sendero, borrando así muchas pistas útiles.

El hombre asesinado se llama Ronald Lyle Goldman, tenía vetinticinco años y era un joven atractivo, un mesero que aspiraba a volverse modelo y que, entre tanto, trabajaba en el restaurant Mezzaluna. Por su parte, la mujer tenía treinta y cinco años, bella, alta y rubia, de origen alemán. Se llamaba Nicole Brown y era la ex esposa de un hombre muy famoso, O. J. Simpson.

Cuando la policía logra contactarlo para narrarle lo sucedido, O. J. se halla en Chicago, donde había llegado la noche anterior porque un día después debía participar como invitado en una reunión de la compañía de autos rentables Hertz. A las 7:30 de la mañana suena el teléfono de su habitación en el O'Hare Plaza Hotel, y ya a las 11:08 O. J. desciende en el aeropuerto internacional de Los Ángeles. A las 11:30 se reúne con la policía, quien le pone las esposas alrededor de las muñecas y lo llevan a la comisaría.

No solo le llamaron para notificarle la muerte de Nicole. Sospechan que sea el homicida de su ex y de Ronald Goldman.

Es una idea que se le viene de inmediato a los investigadores de Los Ángeles que a las dos de la mañana llegaron al lugar del delito, los detectives Mark Fuhrman, Phil Vannatter y Tom Lange, con Ron Phillips como jefe del departamento de homicidios. No bien descubre que la mujer asesinada es la esposa de O. J. se dirigen de inmediato a su casa, en la residencia de Rockingham, para notificarle. Las luces de la casa están encendidas, pero O. J. no responde cuando tocan al timbre o a la puerta.

No está en casa, en ese momento ya ha bajado del avión que lo llevó hasta Chicago. Estacionado al lado de la residencia hay un Ford Bronco blanco. El detective Fuhrman lo nota porque está acomodado de forma extraña, como si hubiera sido dejado allí a toda prisa, contra la acera. El detective se acerca al Bronco y observa una mancha oscura en la puerta del conductor. Parece sangre, como parecen manchas de sangre también algunas huellas sobre el umbral de la residencia.

No llevan una orden y no podrán entrar, pero los agentes lo hacen de todos modos. El detective Fuhrman brinca el muro de la residencia y toca la puerta, sin obtener respuesta. Luego hace un recorrido por un sendero tras la residencia y encuentra un guante ensangrentado, pero no fuera, sino adentro. Un guante derecho, que corresponde exactamente al hallado en el condominio Bundy. Además, también hay otras manchas de sangre en la calle cercana al Bronco y sobre el sendero de la villa, por lo que desde ese momento también la morada de O. J. se vuelve una escena del delito y es puesta a resguardo.

Los detectives Vannatter y Lange interrogan a O. J. Simpson en la comisaría de policía de Los Ángeles. Está solo, sin la presencia de un abogado, que de todos modos O. J. no ha solicitado. Entre las preguntas que le hacen hay una sobre un extraño corte que O. J. tiene en el dedo medio izquierdo. Simpson dice que se lo hizo en el hotel de Chicago al romperse un vaso.

En contra de O. J. como sospechoso del doble homicidio no solo están las manchas de sangre. También está su relación con Nicole. Su matrimonio y su divorcio. Lo que sucedió después.

O. J. se había casado con Nicole en 1985. La conocía desde el '77, cuando ella todavía tenía dieciocho años y era la reina de belleza de su escuela, la Dana High Point School de Los Ángeles.

Nicole y O. J. tienen una niña, Sidney, y un niño, Justin. El matrimonio no funciona y en 1992 se divorcian. Sin embargo, aparentaban ser felices. Nicole salía a la calle en un Ferrari blanco con una placa personalizada L84AD8, que leída *l-eight-four-a-d-eight* en inglés significa "retrasada para una cita". Pero las cosas no van bien, y en 1989, la mañana del primer día del año, tras una discusión, O. J. golpea a Nicole, condenándole la corte a llevar un periodo de terapia con un psiquiatra. Tras el divorcio las cosas empeoran. O. J. es celosísimo. Obliga al niñero de Nicole, Brian Kaelin, llamado Kato, a dejar el condominio Bundy, donde vive ella, y a transferirse a Rockingham, donde vive él. Y continúa la violencia.

En el 911 han registrado una llamada. O. J. ha encontrado un álbum de fotos de un ex novio de Nicole y ha estallado con toda su furia. Nicole se encierra en la casa y llama a la policía. Está aterrorizada. Se ha encerrado en el piso de arriba con los niños y quiere que manden a alguien porque tiene miedo, O. J. la está insultando desde afuera con los vecinos, grita y golpea la puerta como si quisiera derrumbarla. Nicole llora mientras la operadora del 911 le pregunta con extrema profesionalidad si O. J. está armado, si está ebrio o bajo el efecto de estupefacientes, y si es el que se escucha gritar al fondo, hasta que finalmente llega un coche con agentes, y Nicole puede bajar. De este tipo de llamadas el 911 recibe al menos ocho por parte de Nicole.

Según los detectives de homicidios hay algo que tampoco cuadra con los movimientos de O. J. esa noche ni con su coartada. Había sido el ensayo de danza de Sidney. O. J. había ido y la había seguido junto a Nicole y al resto de la familia. Luego los había dejado, se había hecho llevar por Kato Kaelin a un *McDonald's* donde había pedido una hamburguesa que había comido en la calle, frente a casa, porque a las 11:45 le esperaba el avión para Chicago. Kato deja a O. J. en Rockingham a las 9:40. A las 10:00 O. J. hace una llamada a su novia del momento, Paula Barbieri, pero la hace desde el teléfono de su Bronco.

Entre tanto, Nicole, Sidney y otra decena de personas entre parientes y amigos se va a comer al Mezzaluna para una cena en la cual, naturalmente, O. J. no ha sido invitado. Están allí de las 7:00 a las 8:30, y luego Nicole va a comer un helado con los niños y vuelve a casa.

Ahora pongamos atención. Algunos testigos dicen haber oído ladrar un perro en el condominio Bundy entre las 10:15 y las 10:20, y un vecino dice haber visto al perro de Nicole, un enorme akita blanco y marrón, correr por la calle hacia las 10:45, con el pelo manchado de sangre. A las 12:10, dos transeúntes encuentran los cuerpos de Nicole y de Ronald Goldman y llaman a la policía.

Entre tanto, a las 10:25, en casa de O. J. en Rockingham, está Allan Park, el chofer de la limusina de *Town & Country* que ha ido a recoger a O. J. para llevarlo al aeropuerto. Allan toca el timbre y espera, pero nadie sale de la residencia. Está allí durante una media hora, tocando y esperando, hasta las 10:54, cuando ve a un hombre corpulento y de color que corre hacia la casa. En ese momento las luces del parque se encienden y O. J. responde al interfono diciendo que ya va. Y llega, vestido para el viaje y con cuatro maletas. Parten a toda prisa y O. J. llega a tiempo para tomar su avión.

¿Por qué importan los horarios? Porque los detectives de homicidios de Los Ángeles están convencidos de que O. J. mató a Nicole y Ronald Goldman por celos hacia las 10:15 y luego escapó, se deshizo del arma del delito y volvió furtivamente a casa. Se apoyan en el testimonio de Kato, que dice haber oído ruidos en la parte posterior de la casa de O. J. hacia las 10:52.

Cinco días después del delito, la fiscalía convoca a O. J. para notificarle la acusación por el doble homicidio de Nicole Brown y Ronald Goldman. O. J. no se presenta a la cita y escapa en el Bronco, apuntando una pistola a la cabeza de A. C. Cowlings, su amigo de la infancia y compañero de equipo, bajo las cámaras de televisión, hasta que la policía lo detiene sobre la 105.

O. J. se presenta ante el juez acusado de doble homicidio en primer grado. El 22 de julio de 1994 se declara *not guilty*, inocente. El 24 de enero de 1995 comienza el proceso.

Es inútil decir que se trata del "proceso del siglo", comparable tan solo al que en 1958 vivió la hija de Lana Turner, Ceryl, en el banquillo de los acusados por haber matado al amante de su madre, el gánster Johnny Stompanato. O el que, años después del de O. J., verá al cantante Michael Jackson acusado de abusos sexuales sobre menores de edad. El proceso a O. J. es seguido y transmitido en directo en las televisoras todos los días durante los doscientos cincuenta y tres días que dura. Aparte de O. J., que lo es ya, se convierten todos en estrellas, desde el juez a los representantes de la acusación y de la defensa, a los peritos y los testigos.

Por un lado, representa al Estado contra Oriental James Simpson una mujer, Marcia Clark, blanca, gélida, dura y siempre elegante, con peinado y traje nuevos casi en cada audiencia. Tiene cuarenta y un años, se ha divorciado dos veces y desde que tomó el cargo de fiscal de distrito, diez años antes, nunca ha perdido un proceso. Con ella está Christopher Darden, más joven y menos duro, pero sobre todo, negro.

Por la otra parte está un *pool* de abogados, investigadores privados y expertos guiado por un veterano de los tribunales como Robert Shapiro, judío, blanco, estratega, gran orador, habilísimo para convencer a cualquiera de cualquier cosa. Junto a él está Johnnie Cochran Jr., de Los Ángeles, que luego de iniciar su carrera en la fiscalía a mediados de los años '70 del siglo pasado se pasó a la defensa. Cochran es habilísimo en contrainterrogatorios y está dotado de una ironía punzante que divierte al público y al jurado, enfureciendo a fiscales y testigos. Y es negro.

Preside el tribunal el juez de origen japonés Lance Ito, famoso por ser un hombre tranquilo y compasivo. Luego está el jurado, doce personas, ocho mujeres y cuatro hombres, ocho negros afroamericanos, un blanco caucásico, un hispano y dos mestizos. Sin embargo, al poco es cambiado por motivos técnicos: siete negros, cuatro blancos y un hispano. No son minucias. Es importante la composición racial del jurado, así como también los orígenes étnicos de los protagonistas, pues al poco el proceso de O. J. Simpson se vuelve también un proceso de tintes raciales.

Contra O. J., Marcia Clark blande las pruebas recabadas por los detectives: las manchas de sangre, las pistas halladas en el lugar de los hechos, la casa de O. J. y en el Bronco, la herida en el dedo medio y la sangre en el guante; el examen de ADN que deja O. J. en el lugar de los hechos. Los tiempos, que demuestran la falta de coartadas de O. J. y la posibilidad de que él haya cometido los homicidios. Un cuchillo, que los peritos de la parte acusadora considera el arma homicida, perteneciente a O. J., y su relación con su ex mujer, su comportamiento brutal, el ser un hombre violento que golpea a una mujer indefensa. El haber sido rechazado en la cena tras el ensayo de la hija habría sido la causa desencadenante de la última crisis de celos violentos contra Nicole y el pobre Ronald Goldman, que se hallaba en el lugar equivocado en el momento equivocado.

En defensa de O. J., Shapiro y Cochran responden con una serie de confusas contradicciones que han caracterizado a las indagaciones poco después del delito. Desde el inicio, dicen, el caso

Simpson ha sido un enorme embrollo. Las inspecciones realizadas en casa de O. J. en Rockingham se efectuaron sin mandato judicial, los elementos de prueba no han sido valorados correctamente, los informes de los detectives están llenos de contradicciones. Según los peritos de la defensa, la autopsia colocaría la hora de la muerte posteriormente, reduciendo los tiempos para O. J., que no habría podido volver a casa, limpiarse, cambiarse y presentarse a la cita con Allan Park, el chofer de la limusina que lo estaba esperando. Presentan también un video que muestra a O. J. en el ensayo de la hija, sereno y tranquilo.

Pero la carta más importante que Shapiro y Cochran esgrimen contra Marcia Clark es el detective Fuhrman, que en cierto momento se vuelve a pesar suyo casi un testigo de la defensa. Los detectives no solo han vuelto todo un embrollo, sino que incluso han falseado las pruebas, sobre todo Fuhrman. ¿Por qué? Porque es un racista. Fuhrman lo niega. Nunca lo ha sido. Nunca ha hablado mal de las personas de color. Nunca ha usado la palabra *niger* ("negro") para referirse a una persona de color. Lo jura ante el tribunal, pero se presentan una serie de audiocassettes. Hay una chica, llamada Laura Hart McKinny, que quiere escribir un guion para una película de acción y ha realizado una serie de entrevistas a la policía. Tiene trece horas de conversación realizadas a su amigo, el detective Fuhrman. Éste usa la palabra *niger* cuarenta y dos veces, y nada a la ligera. Dice que esa historia de recolectar fondos para la población golpeada por la carestía en Etiopía, por ejemplo, es una tontería. Solo son un "montón de negros imbéciles", sería mejor dejarlos morir a todos y usarlos como fertilizante. No basta. También le cuenta a Laura cómo se trabaja en la policía. Cita dieciocho casos en los cuales, si las pruebas no existen pero se está seguro del culpable, bueno, de alguna forma las pruebas aparecen. Al escuchar ante el tribunal las cintas de audio, el detective Fuhrman apela a la Quinta Enmienda, que le permite no responder para no hacerse incriminar.

Son argumentos que conmueven, en especial si los escuchan en un tribunal un jurado como aquel, en un caso como aquel en donde un héroe del deporte de color es enfrentado a un policía blanco racista. El proceso asume un giro pesadamente político. Parte de la opinión pública blanca ve en O. J. a un hombre brutal que golpea a la mujer y que está intentando zafarse gracias al hecho de ser famoso y con poder. Para algunos de los blancos más racistas, O. J. es un "negro rico" que debería terminar en prisión. Parte de la opinión pública negra lo ve, por el contrario, como una víctima de los abusos policíacos y muchos se reconocen en él. La consistencia real de las acusaciones pierde importancia y el hecho de creer si existen o no suficientes pruebas para condenarlo se vuelve inconscientemente en una elección política. Y todo ello en una ciudad que no puede olvidar los desórdenes que en 1992 estallan en el *ghetto* negro de South Central luego de la absolución de cuatro policías que ante una cámara golpean salvajemente a Rodney King, el hombre de color que acaban de detener. Cincuenta y cuatro muertos, cientos de heridos y mil millones de dólares en daños.

El 3 de octubre de 1995, luego de doscientos cincuenta y tres días, el jurado, que durante todo ese periodo ha sido prácticamente secuestrado en un hotel cercano al tribunal, se retira para emitir sentencia. Luego de más de tres horas presenta su veredicto, sorprendiendo por igual a la acusación y a la defensa.

Not guilty.

Oriental James Simpson es inocente. El caso está cerrado.

El histriónico abogado Cochran ha vencido a la álgida fiscal Clark. Pero hay algunas secuelas políticas y judiciales. La sentencia no convence a los que están a favor de la condena. O. J. es un violento que gracias a los conocimientos justos, al dinero y a los abogados logró zafarse. O bien, simplemente es un "negro rico" que ha burlado al sistema. Los que están a favor de la absolución están exultantes, con fiestas y manifestaciones de júbilo por las calles de la comunidad negra.

Desde el punto de vista judicial, por su parte, la situación se complica. O. J. ha sido absuelto en la instancia penal por la muerte de Nicole y de Ronald Goldman. Pero hay todavía un proceso civil, por el cual otro jurado de doce personas debe decidir si O. J. es responsable, y si fuere así, a cuánto asciende el resarcimiento que debe pagar a las familias de las víctimas. El jurado convocado por la corte suprema ante el tribunal de Santa Mónica, California, se retira a la sala de deliberaciones durante doce horas. Cuando sale, el 4 de febrero de 1997, tiene un veredicto unánime, que responde *yes*, sí, a las ocho preguntas del cuestionario, desde: "¿hay un predominio de pruebas que demuestren que el imputado O. J. Simpson ha provocado la muerte?", hasta: "¿son capaces de establecer la cantidad que los parientes...?", etcétera. *Yes* a todo, y para la última pregunta un número: ocho millones y medio de dólares para los familiares de Goldman. Para los de Nicole todavía deben establecer una cantidad que, al final, sumada a la anterior, llegará a los treinta y tres millones y medio de dólares.

Para el proceso penal, O. J. es inocente y no hay prisión. Para el civil es culpable y, por tanto, deberá pagar una montaña de dinero.

Caso cerrado. Unos meses después el tribunal embarga los bienes de O. J., estableciendo cuáles deben ser subastados. Entre ellos un set de seis bolsas de piel con ciento cuatro palos de golf, una caja fuerte lacada estilo china, una lámpara de cristal y una estatua de bronce que representa al ex campeón.

UN ALTO DE *FLAMINGO ROAD*
Las Vegas, Nevada, 7 de septiembre de 1996

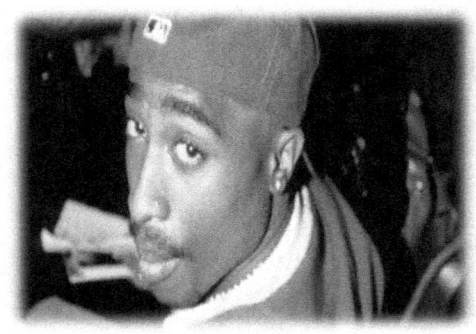

Parecen gánsteres, tienen nombres de gánsteres y se comportan como gánsteres. Se mueven en grupo, en autos blindados con vidrios ahumados, acompañados de guardias armados que llevan los colores de los *Bloods* y de los *Crips*, las dos principales bandas juveniles de los Estados Unidos de Norteamérica. Son las estrellas del *gangsta rap*, y si bastasen actitudes, aspecto y nombres extraños para demostrar una prueba de culpabilidad, entonces también todo el rock, desde el *heavy metal* al *punk*, debería ser condenado. El hábito no hace al monje, ya lo sabemos, pero a veces resulta que bajo el hábito del monje hay algo de verdad siniestro.

Son las 23:17 del 7 de septiembre de 1996 y estamos en Las Vegas. Hay un BMW 750 negro a la cabeza de un cortejo de *vans*, *navigators* y vehículos propiedad de una de las mayores casas discográficas de rap de la Costa Oeste. *Death Row* se llama, "brazo de la muerte", y como emblema tiene a un hombre con una capucha negra sentado sobre una silla eléctrica. En el BMW, al volante, va el dueño de la Death Row, Marion "*Suge*" Knight; *Suge* es la contracción de *sugar bear*, "osito de azúcar", el sobrenombre que ha tenido desde niño, aunque está tan gordo y calvo y con todos esos músculos de miedo cuando era guardia de seguridad del cantante Bobby Brown, que no parece ciertamente un osito. Dicen que esa ropa roja que lleva es en honor a los colores de los *Bloods* de Piru Street, el barrio de Compton en donde nació, en California. También dicen que *Death Row* nació con dinero de un distribuidor de droga que estaba en prisión, un millón y medio de dólares, buena inversión a la luz del éxito de la discográfica que produce a raperos del calibre de *Snoopy Dog*, Dr. Dre y Tupac Shakur.

Al lado de *Suge*, en el asiento del copiloto, va el propio Tupac, que en ese momento, con el álbum *All Eyez on Me* está en el primer lugar de las listas de popularidad de todo el mundo. Se dirigen a un club que se llama 662, como el código que se usa en California para indicar el brazo de la muerte, y quizá están hablando de discos de platino y de los *MTV Awards*, o de la apelación de Tupac, que ha sido condenado a cuatro años y medio por violencia física pero que está fuera gracias al millón cuatrocientos dólares que Suge ha dado como caución.

O quizá están recordando lo acaecido un par de horas antes, cuando uno de los guardias de seguridad de Suge había reconocido a un fulano en la recepción del MGM Grand Hotel, Orlando Anderson, un miembro de la pandilla de los *Crips* que lo había raptado por la calle unos meses antes. Los guardias de *Suge* lo habían apaleado, y en las grabaciones de las cámaras de seguridad también aparecen *Suge* y Tupac golpeándolo. El BMW negro se detiene en un semáforo de *Flamingo Road*. Hay un auto lleno de chicas del lado de *Suge*, y Tupac se asoma por el lado del conductor para hablar con ellas. Son lindas, él es Tupac Shakur, rico, famoso y genial, y no se da cuenta que desde la derecha se está acercando otro auto, un Cadillac negro del cual salen unos disparos. Apenas los escucha, Tupac intenta saltar al asiento trasero, pero no lo logra y le alcanzan cuatro impactos en el pecho. *Suge* está levemente herido en la cabeza, logra manejar el BMW a través del tráfico de *Flamingo Road* y meterse en un callejón, protegido por toda la caravana de coches de la *Death Row*. Tupac permanece agonizando seis días en el hospital de la universidad, hasta que la madre da el permiso de suspender la terapia de reanimación "para dejar libre su espíritu".

Tupac tenía un amigo, otro rapero famoso llamado *Notorious B. I. G.*, un enorme sujeto que está triunfando con grabaciones realizadas por *Bad Boy Entertainment*, una de las mayores casas discográficas de la Costa Este y principal competidor de la *Death Row* en el campo del *rap*. *Bad Boy* pertenece a otra estrella del *hip hop*, Sean "*Puffy*" Combs, llamado también *Puff Daddy* y luego *P. Diddy*. También proviene de los bajos fondos, su padre era un traficante de droga en Harlem y, a diferencia de *Suge*, *Puff* había sido monaguillo y se había titulado en Economía por la *Howard University*. Pero también se cuentan de él cosas extrañas. Se dice que su casa discográfica es cercana a los *Crips*, que los afiliados a la banda son usados como guardias de seguridad de *Puff* y de sus artistas, y él mismo ha sido arrestado por posesión ilegal de armas de fuego luego de un tiroteo al salir de un club de Manhattan, donde se encontraba con Jennifer Lopez, su novia. Al igual que *Suge*, también *Puff* siempre lo niega, los testigos no hablan, las pruebas no llegan al tribunal y las acusaciones se pierden, pero su rivalidad es innegable. Un día ambos se presentan en el *Platinum House* de Atlanta, en la fiesta de un productor, cuando fuera se desata una riña entre las respectivas guardias pretorianas. Todos terminan disparándose, y un *Blood* que trabaja para *Suge* termina muerto.

Tupac y *Notorious* se hallan prisioneros de la rivalidad entre *Death Row* y *Bad Boy*, y pasan el tiempo intercambiando insultos y acusaciones. Tupac también ha escrito una canción, *Hit'em Up*, en la cual insinúa haberse acostado con la esposa de *Notorious*. Muchos sospechan de él por la muerte de Tupac, pero *Notorious* no estaba ni siquiera en Las Vegas ese día, sino en Nueva York grabando un disco y esa noche estaba en casa con unos amigos, viendo la pelea de Mike Tyson en la televisión.

Seis meses después, también *Notorious B. I. G.* se ha detenido en un semáforo. Va en una GMC Suburban verde oscuro, sentado al lado del conductor. Detrás de su auto hay otra Suburban negra donde va *Puff Daddy* y otros ejecutivos de la *Bad Boy*, y tras ellos una Ford Blazer llena de guaruras. Se dirigen a una fiesta, *Notorious* no iba con ganas porque la noche anterior, al presentar los *Soul Train Music Awards* en Los Ángeles, la multitud le había chiflado por considerarle responsable de la muerte de Tupac, pero *Puffy* había insistido, pues estaba por estrenarse en nuevo disco de *Notorious, Life After Death 'Till Death Do Us Apart*, y esas fiestas eran para promocionarlo. Así que *Notorious* va en su coche, se detiene en el semáforo de *Fairfax Avenue*, el estéreo lanza a todo volumen las notas *rap* de su nuevo álbum, cuando se da cuenta de que alguien en la calle lo está llamando. Piensa que es un fan, baja la ventanilla y en ese momento se le cierra un Chevrolet Impala oscuro del cual salen unos disparos de pistola calibre 9 mm. Es difícil no reconocer a *Notorious*, quien es alcanzado por los proyectiles en el pecho, y cuando *Puff Daddy* y los demás bajan aprisa de los coches y llegan a la Suburban, *Notorious* ya está muerto y el Chevrolet ha desaparecido.

Parecen escenas de película, solo que no se desarrollan en los callejones de Los Ángeles o de Washington, sino en los clubs más exclusivos, residencias millonarias y *sets* de *videoclips* en donde chicas bellísimas se mueven a ritmo de *rap* al borde de una piscina. ¿Pero por qué murieron Tupac y *Notorious*?

Hay varias hipótesis. La primera: a Tupac lo matan los *Crips* de Las Vegas para vengar la golpiza dada a Orlando Anderson. Además, se habían puesto de acuerdo con *Notorious*, a quien la muerte de Tupac le habría agradado, tan así que les había dado incluso su Glock calibre .40 para realizar el homicidio. La muerte de *Notorious* sería la consecuencia, por orden de *Suge*, quien mandó a un *Blood* a matar a la estrella de la *Bad Boy*, ojo por ojo y diente por diente. La segunda hipótesis atribuye el homicidio de Tupac a *Suge*, pues el rapero estaba teniendo fuertes pleitos con su *manager*, pedía más dinero y quería cancelar el contrato. Idéntica motivación para *Puff Daddy* en relación con *Notorious* que, al igual que Tupac, en ese punto tendría más valor muerto que vivo. Y hay una tercera hipótesis: los verdaderos objetivos eran *Suge* y *Puff*, los generales de una guerra entre marcas discográficas de ambas costas que se combatía no solo con disparos de discos de platino, y Tupac y *Notorious* habrían muerto por error.

Pero tan solo son hipótesis. Sea lo que sea que hubiere sucedido, Marion "*Suge*" Knight y *Puff Daddy* no son gánsteres de calle sino riquísimos empresarios del mundo musical, amigos de personajes importantes, como el fiscal de distrito de Los Ángeles cuya hija se ha vuelto en esos días la primera rapera blanca en la marca discográfica de *Suge*.

Para otros es muy diferente. Para los "hijos de la jungla", los "animales", como son llamados por la ley, es otra cosa. Como, por ejemplo, para Stanley Tookie Williams, quien siendo un *Crip* mató a cuatro personas, luego se reformó, y entre libros y discursos se ha comprometido contra la violencia para poner fin a la guerra que enfrentaba desde hacía años a los *Crips* y a los *Bloods*, siendo propuesto en cinco ocasiones para el Premio Nobel de la Paz. Pero Tookie es solo Tookie, y desde hace veinte años espera en el pasillo de la muerte de San Quintín el día ya cercano en que se hallará recostado para recibir la inyección letal, casi como aquel fulano encapuchado sobre la silla eléctrica en el emblema de la *Death Row*.

LA GUERRA DE LOS RAPEROS
Queens, Nueva York, 30 de octubre del 2002

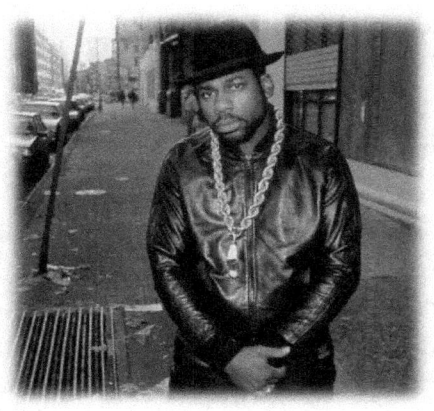

Al inicio la escena podría verse en el *backstage* de la realización de un disco, uno de esos videos que se transmiten en los especiales de MTV.

Estamos en la sala de grabación de un súper equipado estudio de Queens, en Nueva York. *Mixer*, consolas, filas interminables de cursores, las lucecitas LED que se encienden y se apagan. Son las siete y media de la noche y en ese momento no está tocando nadie. Rusty Water y su grupo toman una pausa, y el tío de Rusty, que produce su disco a medio camino entre *techno* y *hip hop*, está más allá del vidrio, jugando *Play Station* con un amigo.

Alguien toca a la puerta de los estudios. Son dos *pony express* que deben entregar un paquete. ¿Pero por qué dos *pony express*? En general, van por la calle solos. Nadie se lo pregunta, son dos chicos de color, tienen el chaleco del *pony*, llevan un paquete. Que pasen.

Sin embargo, de repente los dos chicos sacan las pistolas y se ponen a dispararles a los técnicos y productores. Lesionan a cinco personas, pero no son los que andan buscando. Apuntan hacia la sala donde el tío de Rusty está jugando videojuegos, lo buscan, lo identifican: obeso, negro, con una barba de candado sutil que le cubre el mentón redondo. Es él. Se acercan y le disparan en la cabeza. Una calibre .40, a quemarropa, en el lado izquierdo del cráneo. Y así muere Jason Mizell, más conocido por otro nombre, como se usa en los ambientes del *hip hop*, donde todos lo conocen.

Porque el tío de Rusty es *Jam Master Jay*, uno de los fundadores de *Run DMC*, uno de los grupos raperos más famosos de Nueva York en los años '90. Son tres tipos vestidos de negro con cadenas de oro al cuello, el cabello al estilo Fedora de cabeza redonda y tenis Adidas, los de *Walk this Way* cantado junto a Steven Taylor de *Aerosmith*, los protagonistas de lo que será llamada la "edad de oro" del *hip hop*.

¿Pero por qué le han disparado a *Jam Master Jay*? ¿Y por qué no es el único a quien le haya sucedido algo así? ¿Por qué siempre con tanta frecuencia en los estudios de grabación de rap y hip hop se desarrollan escenas que más que el *backstage* de un disco semejan las de una película de gánsteres?

Antes de Tupac Shakur y de *Notorious B. I. G.*, también Randy "*Stretch*" Walker –amigo de Tupac, quien de su casa discográfica se pasó a la de *Notorious* –ya ha sido asesinado: en noviembre del '95, cuando tres hombres le disparan desde la ventanilla de un coche en movjmiento mientras maneja su minivan. En junio del 2001 es asesinado otro rapero de Nueva York, *E-Money Bags*, a quien le disparan mientras va manejando.

A Curtis James Jackson III, más conocido como *50 Cent*, primero intentan acuchillarlo, luego, en mayo del 2000, le disparan en nueve ocasiones desde un auto en la calle 161 de Nueva York, y lo mandan al hospital durante unos meses. Se llama así porque ese es el costo de una bala.

Luego está *Jam Master Jay*, un disparo a la cabeza por parte de falsos *pony express*.

¿Por qué toda esta violencia? Quizá la respuesta pueda venir de un pequeño detalle, y puede darla justamente *Jam Master*. *Run DMC* llevan Adidas, pero los llevan rigurosamente desatados. Ello en homenaje a los detenidos, a quienes se les quitan las agujetas cuando ingresan a prisión. Porque este es el estilo del *hip hop* de aquellos años, el *gangsta lifestyle*, el "estilo de vida gánster", lanzado a través de las casas discográficas como *Bad Boy Records*, los *bad boys*, los "chicos malos", delincuentes, o *Death Row Records*, *death row*, "brazo de la muerte", o también la *Murder Inc.*, que podría traducirse como "Asesinos, S.A.". Es una actitud para artistas y fans, pero que se vuelve una realidad cuando quien lo practica es de verdad un gánster, aunque sea músico.

Muchas estrellas vienen de la calle y más o menos allí vuelven cuando salen de los estudios de grabación. O de la prisión. Y muchas casas musicales nacen y se rigen por el lavado de dinero del tráfico de droga, defendidas por guaruras que parecen un pequeño ejército privado, reclutados entre los miembros de las bandas de Nueva York y Los Ángeles. No todo es así, naturalmente, el *hip hop* no es como la Camorra o la Cosa Nostra, pero estamos hablando de música, y música importante.

Pero cuando las diferencias entre raperos —los *befes*, como se denominan en el *slang* del *hip hop* a las letras de insultos recíprocos insertadas en las canciones- se convierten en tiroteos y muertos, entonces más que de música se puede comenzar a hablar de enfrentamientos, al estilo de la Camorra o la Cosa Nostra.

¿Pero por qué han matado a *Jam Master Jay*? ¿Y quién era?

El departamento de policía de Nueva York intenta abrirse paso entre las rivalidades entre grupos musicales y casas discográficas, sigue pistas muy concretas del tráfico de droga en las calles del Bronx y de Queens y catea los estudios de la *Murder Inc.*, la casa discográfica de los hermanos Gotti, que nada tienen que ver con los *bosses* estadounidenses John Gotti; Chris e Irv son dos chicos negros de Nueva York. Pero la policía de esta ciudad sospecha que reciclan una montaña de dinero sucio que llega del tráfico de heroína y cocaína de los hombres de Kenneht. "*Supreme*" McGriff, un negro grandulón y de expresión durísima, que debería ser un productor de música y cine pero que, según el FBI, es uno de los más grandes traficantes de droga de Nueva York, ordenó matar a *50 Cent*, que estaba denunciando su actividad de *boss* criminal en sus canciones, a *E-Money Bags*, y envió a dos asesinos a ultimar a *Jam Master Jay*, quien también estaba en una lista negra de muertes para cubrir sus tráficos y hacer algunos favores a los amigos raperos.

En el 2005 *Supreme*, el rey de Queens, como le llaman, es condenado a cadena perpetua por el homicidio de *E-Money Bags* y el de un amigo suyo, pero logra zafarse del de *Jam Master Jay*. En el 2007 el fiscal de distrito de Nueva York acusa a otro miembro de la mafia organizada negra de Queens, Ronald *"Tenard"* Washington, de ser uno de los *pony express* que dispararon a *Jam Master Jay* mientras jugaba *Play Station*. Él mismo lo admitió, mientras estaba en prisión, durante el interrogatorio de otro crimen. "Qué cosas –diría Washington-, yo creí que me quería encarcelar por haber matado a *Master Jay*". Y también a otro rapero, Randy Walker, amigo de Tupac Shakur.

Entre tanto, en espera de que el misterio de su homicidio venga resuelto, *Jam Master Jay* continúa haciéndose oír en los discos de *Run DMC*, que tras su muerte se separó definitivamente.

En *Run DMC*, el álbum inaugural del grupo, hay una canción que presenta al recién llegado que se ha unido a Darryl *"Dmc"* McDaniels y Joseph "Run" Simmons. Se llama *Jam Master Jay*, justamente, y dice: *Jam Master Jay, this is his name* (Jam Master Jay, ese es su nombre, y a todos los salvajes DJs los domará, tras los tocadiscos allí está…). *So when asked who's the best, y'all should say: Run DMC and Jam Master Ray* (así que cuando les pregunten quién es el mejor, deberán gritar: Run DMC y Jam Master Ray).

UN CORAZÓN DOS VECES DEL TAMAÑO DE TEXAS
Columbus, Ohio, 8 de diciembre de 2004

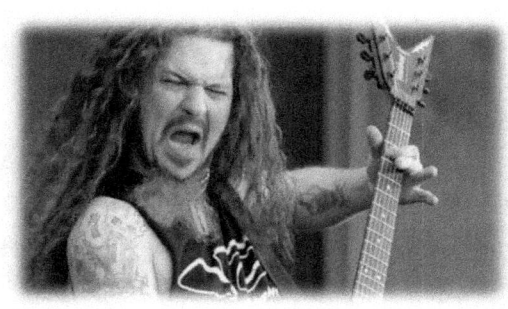

Sucede de todo en los conciertos, y entre más salvajes son, tipo *hard core*, *heavy metal* o *punk*, más cosas suceden. Ozzy Osbourne se come un murciélago vivo, por ejemplo. Pero si se encontrasen de repente en una película de Tarantino, en una de esas escenas en donde todos están inmóviles apuntándose con las pistolas a la cara, es probable que tampoco el centenar de personas que el 8 de diciembre del 2004 llenaba el *Alrosa Villa* de Columbus, Ohio, lo hubiese jamás pensado.

En el escenario, tendidos por tierra, van ya cuatro muertos. De pie está un joven blanco que ha sujetado a un hombre y le apunta con la pistola a la cabeza. Delante tiene a un policía con una escopeta que también le apunta. Los dos están inmóviles en medio de la gente que grita y escapa, con el dedo en el gatillo, esperando, justo como en una película. ¿Por qué? ¿Qué ha sucedido?

Para llegar a esta escena debemos volver atrás y centrar nuestra atención en dos personas. La primera es uno de los hombres tirados en el escenario, en un lago de sangre. Está tendido sobre su guitarra. Se llama Darrell Lance Abbot, pero ya ha tenido varios nombres artísticos. En ese momento se hacía llamar Dimebag. Dimebag Darrell.

Darrell es uno de los mejores guitarristas de *heavy metal* que hayan existido, el séptimo en el mundo, según la revista *Guitar World*. Había iniciado ya desde pequeño, en Texas, de manera autodidacta, y luego se había vuelto más experto, siempre más fuerte, siempre más veloz. Había elegido un nombre, Diamond Darrell, y junto a su hermano Vinnie Paul habían creado una banda, que al poco tiempo ocuparía un lugar legendario en la historia del *heavy metal*: *Pantera*.

El otro hombre que nos interesa todavía está vivo. Es el joven rubio con pistola en mano, oculto tras el rehén.

Se llama Nathan Gale, y es un ex *marine*. En apariencia es un joven tranquilo: diploma en el colegio, semiprofesional del futbol americano, enrolado en el ejército, especializado como mecánico en *Camp Lejeune*, Carolina del Norte. Una sola gran pasión: *Pantera*. Los escucha continuamente, los escuchaba ya en el colegio, cuando se preparaba para los partidos, los escuchaba en el cuartel, en casa, luego de haber causado baja en la Marina. *Pantera*. La voz potente y rabiosa de Phil Anselmo, la rítmica armonía de Vinnie Paul y los solos velocísimos de Dimebag Darrell.

Sí, porque entre tanto Darrell se ha cambiado el nombre y ahora es Dimebag, que en el *slang* texano se refiere a cierto tipo de marihuana. También *Pantera* ha cambiado de cantante, ha llegado Anselmo y su música ha significado un corte más veloz y distorsionado, más agresivo, más *trash*. Publican álbumes como *Cowboys from Hell* (vaqueros del infierno), cada vez más extremos, lo que les lleva a la cúspide del género.

Luego, poco a poco, las cosas se descomponen. Phil Anselmo toma una sobredosis luego de un concierto, casi pierde la vida, se repone, pero las relaciones con los demás ya no son las mismas. Phil Anselmo se va por su cuenta, Darell toca durante un año como *guest star* en otros grupos y luego, junto con el hermano, crea otro grupo: *Damageplan*. Menos extremos que *Pantera*, pero igualmente fuertes. El primer disco que publican, *New Found Power*, es todo un éxito.

Pero no todos los fans siguen a Darrell con *Damageplan*. Algunos siguen a Anselmo, otros se detienen en *Reinventing the Steel*, el último álbum de *Pantera*. Por el contrario, algunos no se resignan. No sabem aceptar la ruptura, los pleitos, las acusaciones recíprocas, aquel *Pantera* que ya no es. Uno de ellos es justamente Nathan Gale.

Hay un motivo por el cual Nathan ya no es *marine*. No se retiró por su cuenta, lo dieron de baja, retirado con honores, pero fuera del ejército. Los *marines* no pueden decirlo porque violarían la privacidad, y pocos saben que aquel muchachón aparentemente normal, tan genuinamente estadounidense, en realidad sufre de esquizofrenia paranoide y si no toma medicamentos no está tranquilo. Quizá su madre lo sabe, pero no lo concibe, porque para festejar la salida del hijo le regala una pistola, una Beretta 92 automática idéntica a la que manejaba en el ejército.

No es una gran idea. No con alguien como Nathan, que pasa todo el tiempo pensando en Pantera, rompiéndose la cabeza debido a su ruptura. ¿Por qué lo hicieron? ¿Quién tiene la culpa? Han salido algunas entrevistas en donde Phil Anselmo acusa a los hermanos Abbot, Nathan cree que son los causantes de todo, y Darrell el que todo lo arruinó. No solo: Nathan está convencido de haber escrito algunas canciones, letras geniales, poesía pura, y que Darrell se las robó para tocarlas con *Damageplan*. Dimebag Darrell es el culpable.

8 de diciembre de 2004. El Alrosa Villa está a reventar. Darrell está tocando su *Dime Tribute* a tres puntas que la Dean ha recuperado para producírselo. Aferrado a la guitarra erigida en un solo, los brazos desnudos, el cabello largo que le desciende hasta media cadera. Desde el fondo del escenario, tras los músicos, llega Nathan, da unos cuantos pasos, apunta su Beretta contra Darrell y le impacta cinco disparos calibre 9 mm. en la cadera.

Damageplan toca fuerte, los disparos no se escuchan de inmediato, Darrell cae sobre la guitarra, pero el grupo sigue tocando y la gente salta por la sala de conciertos. Sin embargo, alguien se ha dado cuenta de lo que está sucediendo, hay un espectador que sube al escenario, pero Nathan le dispara y lo mata. Un empleado de Alrose y el jefe de la seguridad del grupo corren hacia Nathan, éste los ve, ellos se refugian tras una mesa, pero Nathan dispara y los mata.

En este punto la gente comienza a entender y se detiene durante un instante, en silencio, y también el grupo ha dejado de tocar. Luego todos huyen, alguien grita que llamen a la policía, mientras más gente salta al escenario, pero Nathan sigue disparando. Logra también recargar la pistola. Lesiona al *tour manager* del grupo, a un técnico y luego lo aferra por el cuello y se oculta detrás, pues ha llegado ya la policía.

El agente Niggemayer estaba de servicio en el momento en que se escuchan los diparos, ha tomado la escopeta de la patrulla y ha corrido al interior del local.

Ahora están allí, los dos inmóviles como en una película de Tarantino. Nathan con su Beretta apuntando a la cabeza del técnico herido, y el agente Niggemayer con su Remingtón calibre 12 apuntándole a Nathan. Alrededor, la gente corre y grita, pero probablemente ellos ni cuenta se han dado. El primero de ellos que cometa un error, que se distraiga, está muerto.

Es Nathan quien comete el error. El técnico está lesionado, no se sostiene de pie y se mueve a continuación. Nathan queda al descubierto y el agente Niggemayer aprieta el gatillo. Hay un video de ese momento, grabado por una cámara fija que estaba grabando el concierto. El video es confuso, la gente entra y sale del lugar, pero el audio es clarísimo. Una voz grita: *Dude! His head is gone!* (¡Chicos, le ha volado la cabeza!)

También Darrell está muerto. Una espectadora es una enfermera, ha subido al escenario y ha intentado reanimarlo, pero Darrell tiene tres proyectiles en la cadera y dos en la cabeza. No hay nada que hacer.

Es sepultado en el cementerio de Arlington y en su lápida se ha escrito: *He came to rock* (vino a rockear, y lo hizo como nadie más, con un corazón dos veces del tamaño de Texas).

En su funeral estaba todo el *heavy metal* representado en cada uno de sus géneros, desde el *hard rock* hasta el *death metal* más extremo. Músicos barbudos, cubiertos de tatuajes, de cruces y cadenas, que querían rendirle homenaje a Darrell cada uno a su estilo, sin importar si aquel no era el lugar más indicado.

Algunos parientes de Darrell, llegados desde Texas, lo han tomado a mal. "Parecían todos salidos de las tumbas", dijo uno de ellos.

Pero quizá era solo porque prefería el *country* al *heavy metal*.

LA ISLA DE LOS FAMOSOS

NADIE VIO YA AL REY LAGARTO
París, Francia, 3 de julio de 1971

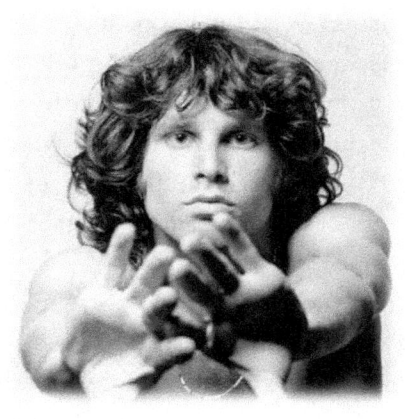

Debe haber una isla en el Océano Pacífico, una bella isla perdida y oculta sobre cuyas playas blancas pasean tranquilamente Elvis Presley, James Dean, John Lennon y Marilyn Monroe. Y quizá, fumando su pipa sobre una tumbona, en segundo plano, también Sherlock Holmes, que para sus más apasionados lectores no es un personaje literario sino que vivió realmente a finales del siglo XIX y todavía vive, pues ha descubierto una especie de suero de la inmortalidad.

Sí, porque ese es el problema, la inmortalidad. Sentir tal admiración hacia una persona, mejor si es un personaje célebre, que este sentimiento se vuelva amor, y más que eso, pasión, y como todos los amores no pueda soportar la pérdida de la persona amada. Si eso pasa con la gente normal, imaginemos con las *rockstars*.

Él es una *rockstar*. No podía ser de otro modo: es atractivo, joven, maldito, poeta y forma parte de uno de los grupos más grandes de la historia del rock, los *Doors*. ¿Cómo puede uno pensar que alguien así, alguien como Jim Morrison, haya muerto de verdad en París el 3 de julio de 1971?

El apartamento se halla en el cuarto piso del número 17 de la Rue de Beautreillis, en el centro de París, un edificio del siglo XIX con grandes balcones floridos. La habitación es un baño. Jim está en la tina, desnudo, sumergido medio cuerpo, los brazos fuera y la cabeza caída a un lado. Pamela, su chica, piensa que está bromeando, tiene los ojos cerrados pero está en una postura natural y tranquila. Jim no responde, está con los ojos cerrados, y Pamela entiende que ha sucedido algo.

Jim está muerto.

¿Pero de qué? En un primer momento no se sabe ni siquiera que está muerto. Los amigos de Jim lo sabrán más tarde, y cuando llegan a París, el Rey Lagarto, como era llamado por los versos de una poesía suya insertada en el reverso de la portada de *Waiting For The Sun*, ya está sepultado. Los padres no ven el cuerpo, ni sus abogados, y Bill Siddons, su *manager*, se niega a verlo. Al final, de las personas que lo conocían Pamela es la única que lo ha visto muerto, así como el médico parisino en las primeras horas del 3 de julio, el doctor Max Saville, quien ha certificado que la muerte de Jim debe atribuirse a causas naturales. De hecho, así lo ha señalado en el certificado de defunción: "causas naturales, crisis cardíaca".

Algunos no lo creen. Los periodistas se preguntan el por qué de tanto silencio y del retraso con que se divulgó la noticia, y el doctor Derwin, el médico personal de Jim, afirma que su paciente gozaba de óptima salud, en la medida en que puede gozarla una *rockstar* como Morrison, que bebía, fumaba y consumía un poco de todo, salvo la heroína. Además, ¿por qué no se realizó la autopsia como sucede por lo común en Francia en caso de muertes sospechosas? Porque aquella es una muerte sospechosa, repentina, en la tina de baño. Y además es Jim Morrison, el hijo maldito del rock, que en televisión canta una versión casi porno de *Light My Fire* en el *Eddy Sullivan Show*, que se ha hecho arrestar en Miami por haber fingido una masturbación durante un concierto; es una *rockstar*, y cuando una rockstar muere así de repente es normal plantearse algunas preguntas. Y aquí no, Jim fue sepultado a toda prisa en el cementerio de Père Lachaise, en París, un lugar bellísimo y mágico, donde reposan Charles Baudelaire y Oscar Wilde, poetas malditos y grandiosos como él. Sobre su tumba se coloca una lápida que dice: "James Douglas Morrison, poeta, cantante y compositor", y un verso en griego, *kata ton daimona eautou* (fiel al propio espíritu), y todo debería termina allí. Por lo demás, ¿qué otra cosa podría haber sucedido?

Hay varias hipótesis, algunas extrañas, otras estrambóticas, otras totalmente demenciales.

La más delirante es la que atribuye la muerte de Jim Morrison a un complot. ¿Urdido por quién? Es obvio… por la CIA. Jim Morrison habría sido asesinado con una sobredosis forzada por parte de una sección de los servicios secretos encargada de eliminar a las estrellas subversivas del rock. De hecho, en aquellos meses también mueren Janis Joplin y Jimi Hendrix. Alguien habla de la "maldición de los 27", pero no, dice un periodista, Alex Constantine, ha sido la CIA, que también ha eliminado a un testigo incómodo como Pamela, muerta también por sobredosis en 1974, en Hollywood.

Otra teoría igualmente demente relaciona la muerte de Jim Morrison con sus creencias esotéricas. Toda su inspiración artística siempre se había movido en el surco de poetas decadentes y visionarios como Baudelaire, Rimbaud o William Blacke, y su banda de hecho se llamba así, *The Doors*, "las puertas", por un verso de Blake:

Si las puertas de la percepción se depurasen,
todo aparecería a los hombres como realmente es: infinito

y que también da título a un libro de Aldous Huxley sobre los efectos visionarios de la mescalina. El propio Jim decía que lo que hacía con los *Doors* no solo era tocar, los suyos no eran tan solo conciertos, eran experiencias místicas, ritos masivos que le volvían a él, a los músicos de la banda y a la gente que escuchaba partícipes de la creación del mundo. Hasta aquí nada más que lo que piensa cada artista, de manera más o menos consciente y apasionada. Pero para algunos Jim también habría ido más allá, era un chamán, un brujo indio, y se había vuelto tal cuando de niño presenció un espantoso accidente automovilístico en Nuevo México, cuando un autobús que transportaba un grupo de indios quedó aplastado sobre la autopista, con sangre y cuerpos por doquier. Todo ello lo presenció el pequeño Jim. Además, dice alguien, Jim había sido iniciado en los ritos órficos que preveían éxtasis provocados por la sangre de arácnidos. Más aún: Jim bebía sangre humana junto a una amiga suya que era bruja. Por todo esto había muerto, porque alguien lo había asesinado con un encantamiento o porque su espíritu guía lo había abandonado, dejando morir su cuerpo en aquella tina de baño.

Sin duda hipótesis delirantes, aunque seguramente más sugerentes que la banalmante científica de un edema pulmonar provocado por el consumo de alcohol, droga y un periodo de particular estrés emotivo y físico, que lo había llevado a rentar aquel apartamento para mantenerse oculto en París. Hipótesis sobre su muerte, nada más. ¿Y si no fuera así? ¿Y si el "chamán del rock" todavía estuviera vivo?

Muchos lo pensaron, porque se bromeaba con frecuencia sobre su muerte, sobre qué habría sucedido después, y en 1967 también había intentado hacer circular la noticia de su fallecimiento, como una especie de macabra broma publicitaria. Así, hay quien lo vio a principios de los años '70 mientras cobra un cheque en un banco de San Francisco, quien lo ha visto en su vieja casa de Baton Rouge, desnudo, sentado en un trono. Hay una mujer que vivió con él durante unos años, y también está Jacques Rochard, un escritor francés que dice habérselo encontrado en 1980, casi diez años después de su muerte. Estuvieron juntos durante unos meses en París; Jim le dijo que había montado su muerte para huir de su mundo caótico y represivo, y así poder dedicarse a la poesía con la tranquilidad del anonimato. En 1986 le envió incluso por correo las antologías de sus últimos versos, *Gemidos de la conciencia*, *Ruidos de la memoria* y *Palabras de polvo*. Rochard también escribió un libro sobre sus encuentros, naturalmente, con un título simple y directo: ¡*Vivo*!

¿Hay algo verdadero y confiable en todo esto? ¿O se trata tan solo de un acto de amor que acoge el pretexto de una muerte sin duda misteriosa para evitar una sufrida aceptación del luto y cultivar una bella y fascinante ilusión, como todas las ilusicones?

James Douglas Morrison nació en 1943. Hay algunas fotos suyas que lo retratan con una tupida barba de poeta, y quizá basta retocarla un poco para imaginar cómo podría estar ahora.

Quizá también en la playa de aquella isla desierta, componiendo poesía, junto a Elvis Presley, James Dean, John Lennon, Marilyn Monroe. Y Sherlock Holmes.

MARK YA NO HABLA CON EL DIABLO
Nueva York, Nueva York,
8 de diciembre de 1980

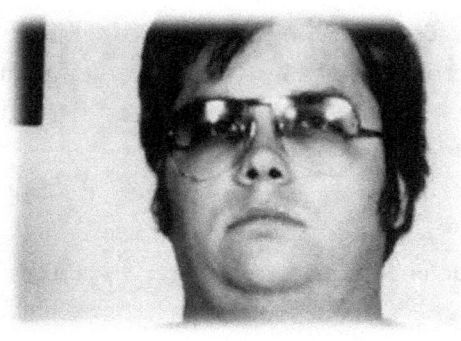

Era un gran chico. En el campus de la YMCA, la juventud católica estadounidense, los compañeros lo adoraban y le habían tomado como ejemplo. El director decía que llevaba el instinto de hacer el bien y, de hecho, una vez que había terminado en el hospital se había convertido de inmediato en el confidente de todos los ancianos que no tenían con quien hablar. Un gran chico. Un estudiante modelo. Nadie podía pensar lo que haría. Ni siquiera él, y lo dijo después. Nunca habría pensado de ser capaz de hacerlo.

Matar a John Lennon.

Esperarlo fuera de casa, apuntarle con una pistola y pegarle cinco balazos calibre .38.

Mark David Chapman está acostumbrado a los cambios repentinos. De aspecto, de personalidad, incluso de nombre. De niño era *pussy* (culito), porque es tímido e introvertido, un fracaso en el deporte y, por tanto, el blanco preferido de los compañeros de escuela. Los únicos amigos que tiene se los ha inventado. Son un pueblo de hombrecitos del cual él es rey. Aparece todos los días en televisión y habla con su pueblo, que lo adora, pues el rey Mark les organiza una serie de conciertos con su grupo preferido, en el cuál toca. ¿Y cuál es ese grupo? No hay necesidad siquiera de preguntarlo, estamos a principios de los años '60 y Mark es un chico de Fort Worth, Texas, pero podría ser también un chico de Nueva York, Roma, París o incluso Tokio. Son los *Beatles*. Sin embargo, cada cierto tiempo el rey Mark hace algo diferente a organizar conciertos para su pueblo. Hay un botón en el sofá de su sala, y cuando los hombrecitos se portan mal el rey Mark lo oprime y los hace saltar por los aires.

En el colegio Mark cambia, e incluso esto es bastante normal, dado que estamos en 1969. Se deja crecer el cabello, se viste con una vieja chaqueta militar, un viejo abrigo verde y comienza a saltarse las clases para fumarse un porro. Luego empieza a probar el LSD y la heroína, y la policía lo arresta. La madre lo encierra en casa, pero Mark destruye la puerta y escapa a Miami durante dos semanas, durmiendo en la calle.

Pasan un par de años y Mark vuelve a cambiar. Es el año de 1971 cuando asiste a una reunión de un predicador de California, y queda fulminado. Se corta el cabello, se cuelga al cuello una enorme cruz de madera y se vuelve un cristiano renacido. También encuentra una chica, Jessica, cristiana como él, y se pone a trabajar en los campus veraniegos de la YMCA. Los chicos lo adoran, le llaman Nemo, como el capitán Nemo del libro de Julio Verne, y hacen todo lo que les dice. Mark es un gran chico, uno que se mantiene ocupado. Lo envían al Líbano con un programa internacional, y cuando estalla la guerra civil va a ocuparse de los refugiados vietnamitas en Fort Chafee, en Arkansas, donde es un ángel con los niños. Un buen ángel. Salvo alguna que otra vez. Por ejemplo, cuando John Lennon dice que los *Beatles* son más famosos que Jesucristo. Esto no le gusta a Nemo. Compone incluso una canción, que canta junto con Jessica y sus amigos renacidos. Es un cover de *Imagine* y tiene una estrofa que dice: *Imagine John Lennon is dead* (imagina que John Lennon está muerto).

Sin embargo, luego vuelve a cambiar. *Culito*, el vago, el capitán Nemo... Mark ha seguido a Jessica hasta la universidad, un rígido instituto presbiteriano, y se pone a estudiar con ella. Pero luego se deja seducir por otra estudiante, hace el amor con ella en un motel cercano a la universidad y es devorado por el sentimiento de culpa hasta que Jessica no lo descubre y lo abandona. Discute con todos, con los profesores de la universidad, que lo expulsan de las clases, y con el director del campus de la YMCA, que lo termina dando de baja. En 1977 Mark tiene veintidós años y ya no es el capitán Nemo, ya no es nada, tan solo Mark. Un amigo suyo le ha hecho leer un libro de J. D. Salinger, *El guardián entre el centeno*, y se identifica con Holden Caulfield y sus inquietudes. Ahora tiene una idea en la cabeza: irse a Hawai con mil doscientos dólares que ha guardado, gastarlo todo viviendo como turista en el Paraíso y cuando se haya acabado, matarse.

No lo logra. Se encienrra en un coche en una playa desierta para matarse con el humo del tubo de escape, pero lo salva un pescador que pasa por allí. Termina en un hospital y allí vuelve el capitán Nemo, aquel buen muchachón que toca la guitarra para los pacientes, las canciones de los *Beatles*, naturalmente, y es de tal modo angelical que cuando se cura lo contratan como volutnario. Las cosas comienzan a ir mejor. Mark conoce a Gloria, una chica de origen japonés, se compromete y un día le pide casarse con él, y lo hace del modo más romático que logra imaginar. Está caminando con ella en la playa cuando se detiene, se arrodilla y escribe: "¿quieres casarte conmigo?" en la arena.

Y una vez más cambia todo. Vuelven las inquietudes, las ansias, las obsesiones. Esta gana irresistible de arruinar todo, de destruir, de escapar. Y también vuelven los hombrecitos de su pueblo, que ahora lo llaman señor presidente, y le adoran como antes. Entre tanto, Mark compra varios ejemplares de *El guardiánn entre el centeno* y hace una petición oficial al condado de Honolulú para obtener el nombre de Holden Caulfield. Ahora le obsesiona el dinero, las deudas, los gastos, el ahorro que lo vuelve tacaño hasta lo impensable. Ha leído un libro que lo pone furioso. Se llama *One Day A Time* y habla de un hombre muy rico y famoso llamado John Lennon. ¿Pero cómo es posible que predique la paz y el amor teniendo todos esos millones? ¿Y vive en Nueva York en un lujoso edificio? Mark comienza a odiar a John Lennon, pensando que sería justo ir hasta Nueva York y darle una lección. Ir hasta allá y matarlo. Pero algunos se oponen: los hombrecitos. "Señor presidente –le dicen-, no lo haga. Piense en su esposa, piense en su madre. Piense en usted". Pero hay alguien que piensa de otro modo y que desde hace un tiempo le habla con persuasiva obsesión. Es Satanás, y Mark lo escucha desnudo ante el estéreo que toca a todo volumen las canciones de los *Beatles*, leyendo párrafos de *El guardián*. "Mata a John Lennon", le dice Satanás. "¡No lo haga, señor presidente!, le dicen los hombrecitos. *Do it, do it, do it* (hazlo, hazlo, hazlo) le dice Satanás.

El 8 de diciembre de 1980 Mark se para frente al edificio Dakota, un inmueble de lujo en el número 72 del *West End*, justo frente al *Central Park*. De allí han salido Lauren Bacall, Mia Farrow, Paul Simon y muchas otras celebridades. Charla con el portero, a quien se hace su amigo. En la mano lleva un álbum de John Lennon, *Double Fantasy*, estrenado ese año. En el bolsillo lleva una .38 de cañón corto. Y también lleva otra cosa: *El guardián entre el centeno*, el ejemplar que pasó a comprar esa mañana. A las 10:30 de la mañana John Lennon sale del edificio junto a Yoko Ono y los miembros de su *staff*. Mark está paralizado, y el portero lo empuja para que vaya con John Lennon y le firme el disco. Lennon lo hace, se lo firma, luego lo mira y con voz gentil le pregunta: "¿Es todo lo que deseas?". Mark no logra moverse, la mano está en el bolsillo, aferrando la pistola. "¿Es todo lo que deseas?", le repite John Lennon, y Mark dice: "Sí. Gracias, John".

Lennon monta en su limusina que lo está ya esperando y se va, dejando a Mark en la acera, con la pistola en un bolsillo, *El guardián* en el otro y el disco con la firma "John Lennon, diciembre de 1980" en la otra mano. Podría irse, volver a Honolulú, donde su esposa lo está esperando, pero está aquella voz que le resuena en la cabeza, Satanás, diciéndole: *Do it, do it, do it*.

MarK se queda en la acera del edificio Dakota hablando con el portero hasta las 22:50, cuando John Lennon vuelve del estudio de grabación y pasa frente a él, en dirección al acceso. Mark grita: "¡John Lennon!" y cuando Lennon voltea le apunta con la pistola, sosteniéndola con las dos manos. Lennon intenta escapar, pero Mark dispara cinco veces. John logra dar unos pasos y luego dice: "me han disparado" y cae a tierra. Mark se deja desarmar por el portero y espera a la policía. Ha sacado *El guardián entre el centeno* e intenta leer unas páginas mientras espera. Cuando llegan los policías tan solo dice: "Siento mucho haberles provocado todos estos problemas, amigos".

Actualmente Mark David Chapman está encerrado en una celda de la penitenciaría de Attica. Una celda de aislamiento, porque aunque ya tiene más de cincuenta años, es un preso modelo y ya no habla con el Diablo, en la cárcel hay muchos fans de John Lennon que quisieran despellejarlo. Y por ello, cuando presentó su solicitud de liberación ante la comisión para la libertad condicional, se la rechazaron.

Para él, ser puesto en libertad sería una condena a muerte.

LA ENIGMÁTICA SONRISA DE MARILYN
Los Ángeles, California, 5 de agosto de 1962

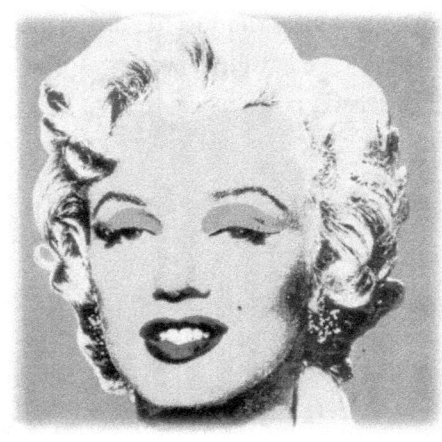

Domingo, 4:25 de la ma172 ñana. El sargento Jack Clemmons, que está al frente de la estación de policía de Los Ángeles oeste, recibe una llamada telefónica. Le llaman dos médicos, un psiquiatra muy conocido, Ralph Greenson, y un médico general, el doctor Engelberg. Una de sus pacientes ha muerto en su villa de Brentwood, bajo la jurisdicción de Clemmons. Es una paciente famosa, y cuando el doctor Engelberg le dice quién es, el sargento pega un brinco.

Se llama Marilyn Monroe.

Cuando la policía llega a la mansión encuentra a Marilyn en la cama, desnuda, con el rostro vuelto hacia la almohada, con la mano que parece proteger la bocina del teléfono. El cuerpo es transportado al hospital, y tras la autopsia realizada por el doctor Thomas Noguchi, famoso por haber efectuado también las de John Belushi, Robert Kennedy y Shaton Tate, encuentra en el intestino de la actriz una dosis excesiva de pentobarbital (Nembutal), un fuerte somnífero, mezclado con hidrato de croralio, otro barbitúrico. Juntos y en dosis excesivas, ambos medicamentos son letales. En su informe necrológico el doctor declara que el suicidio es "muy probable". En el fondo, Monroe ya lo había intentado otras veces, por ejemplo, cuando Johnny Hyde, el agente que la había lanzado dándole un papel en la cinta *La jungla de asfalto* (1950), murió de un ataque cardíaco y ella estaba tan deprimida que se tomó un frasco completo de barbitúricos.

Un suicidio, entonces. ¿Pero por qué?

Cuando muere, Marilyn Monroe no es una actriz como las demás. Ni siquiera es una estrella como las demás. Es ya un mito. Y serlo no es fácil. Hay una foto o, más bien, una serie de fotos, que lo muestra bien. Poco después de su muerte, Andy Warhol, el mayor representante del *pop art*, la retrató en una serie de primeros planos, todos iguales y de colores llamativos. Al mirarlos, aquella sonrisa radiante que en apariencia parece feliz, poco después muestra cuánta melancolía y ausencia expresa. Esa sonrisa repetida, estas fotos iguales entre sí pero diferentes debido a las mil variaciones cromáticas, pueden muy bien representar las numerosas facetas que han hecho de esta mujer, amante y actriz, un mito.

Sensual y erótica, sueño de millones de hombres, varias veces casada e involucrada en decenas de relaciones amorosas: años después las transcripciones de las sesiones psiquiátricas mostrarán que se vanagloriaba con su doctor de ser muy buena fingiendo orgasmos. Marilyn sufrió también numerosos abortos y, al final, se le informó que no podía tener hijos. Siempre sonriente y alegre, atrevida y juguetona en apariencia, pero en la vida real deprimida y melancólica, de padre desconocido y de madre presa de perturbaciones nerviosas. Ni siquiera su nombre era real: Marilyn Monroe en realidad era Norma Jeane Baker Mortenson, lo que es normal en una estrella de Hollywood. Sin embargo, el detalle importante es que ni siquiera el doble apellido Baker Mortenson, en cierto sentido, era del todo suyo. Marilyn lo tomó de los dos maridos de su madre, y ninguno de ellos era su padre real, el cual siempre permanecerá desconocido. Y ni siquiera su famosa cabellera rubia era real. Marilyn era una pelirroja natural, y había sido Johnny Hyde, su agente, quien la convenció de teñírselo y abultárselo para su papel en *La jungla de asfalto* (1950).

Luego vendrá todo lo demás: *Niágara* (1953), *Una Eva y dos Adanes* (1959), *Los caballeros las prefieren rubias* (1953) y tantas otras películas de éxito, el matrimonio con el dramaturgo Arthur Miller, con el campeón de béisbol Joe Di Maggio, con el productor Bob Slatzer, *Happy birthday, Mister President* cantado con una vocecita sensual durante la fiesta de cumpleaños de John Kennedy... Quuién iba a decir que cuando todavía era Norma Jeane y vivía con sus padres adoptivos obtenía un pago de cinco centavos al mes a cambio de los cuales debía lavar platos. Ambos tenían también hijos, y en Navidad preparaban el árbol. Todos los pequeños recibían un regalo, excepto ella. Una vez uno de los niños le regaló una naranja que después se la comió sola. ¿Era esta la verdadera Marilyn? ¿O la otra, la estrella, el mito, el icono?

Bien, el suicidio. Cuando se es "Marilyn", un simple suicidio no es suficiente. Incluso debido a algunas inconsistencias en la reconstrucción de hechos por parte de la policía y del doctor Noguchi.

Los últimos en hablar con Marilyn son el hijo de su ex marido, Joe Di Maggio, quien le llama a las 19:15 y la encuentra de buen humor, el actor Peter Lawford quien, por el contrario, cuando le llama a las 20:00 la encuentra profundamente deprimida, tan así que se asusta. Luego está uno de sus amantes, Pete Bolanos, quien dice que habló con ella por teléfono hacia las 21:30 cuando de repente se cortó la comunicación. Luego, hacia medianoche, Marilyn es hallada muerta en la cama, como declaran los médicos que se presentan en la residencia, el doctor Greenson y el doctor Engelberg, y también la enfermera Eunice Murray, asignada a Marilyn por parte del doctor Greenson para que la vigilase durante sus crisis depresivas. Sin embargo, cuando el sargento Clemmons recibe aquella llamada: "soy el doctor Hyman Engelberg, médico de Marilyn Monroe. Estoy en su casa. Ha fallecido", son casi las 4:30 de la madrugada. Y de hecho, cuando Marilyn llega a la morgue entre las 5:00 y las 6:00 de la mañana su cuerpo ya tiene un *rigor mortis* avanzado. ¿Cómo se explica dicho retardo? Debieron esperar el permiso de la oficina de prensa de la 20th Century Fox. Es posible, sí, con una estrella como Marilyn. O quizá no.

Algunos dicen haber observado cierta confusión aquella noche. Haber visto una ambulancia que se llevaba a Marilyn y luego, un poco más tarde, que la regresaba a casa. Y, en efecto, del lado derecho tiene un hematoma muy reciente, como si Marilyn se hubiese golpeado en algún lado, todavía viva, quizá durante un traslado.

Tampoco la autopsia es muy clara. Tan solo se analizan a profundidad el hígado y la sangre, no el estómago y el intestino.

Donde, en un primer análisis, no se hallan cristales o residuos de píldoras.

Y luego está la puerta. El doctor Greenson dice que la puerta de la recámara de Marilyn estaba cerrada y que para entrar debió romper el vidrio de una ventana con un atizador. Pero, al igual que en las mejores novelas policíacas, la puerta no tiene cerradura que pueda bloquearse, y los vidrios de la ventana no han caído hacia adentro, sino hacia afuera, hacia el jardín, como si la ventana hubiese sido rota desde dentro. Además, el diario de Marilyn ha desaparecido.

¿Cómo habría sucedido todo si Marilyn hubiera sido asesinada? ¿Y por qué? Las hipótesis son muchas.

Marilyn podría haber sido asesinada con una inyección letal que no hubiera dejado rastros en el estómago sino tan solo en la sangre. Sin embargo, no había señales de agujas en su cuerpo. Quizá no en Brentwood, pero sí en otro lugar, desde donde había sido llevada en ambulancia y luego acomodada en la cama. De hecho, dice el sargento Clemmons, cuando la víctima de una sobredosis por barbitúricos es encontrada, por lo común está en una postura contorsionada, ha vomitado y, por el contrario, ella estaba tendida…

¿Pero por qué murió? Y, sobre todo, ¿quién la habría matado?

Hay también varias hipótesis.

Están las que han tenido mayor aceptación, como la que se refiere a la familia Kennedy, y hablan de una relación amorosa que Marilyn tuvo primero con el presidente John Kennedy y luego con su hermano Robert. Una relación más bien embarazosa y peligrosa, que sería truncada de manera brusca por los servicios secretos. O por parte de la mafia, para inculpar y chantajear a John y Robert.

Hay muchas hipótesis, pero son solo eso, hipótesis. También está la que dice que Marilyn fingió morir y que sigue viva en alguna parte en espera de festejar los noventa años, como Elvis Presley y Jim Morrison, sin duda la más estrambótica.

Marilyn nos ha dejado su rostro sonriente y ausente, con mil interpretaciones. Un rostro enigmático, como el de la Monalisa. Dos rostros que con frecuencia representan dos periodos diversos del arte, el del Renacimiento y el contemporáneo. Marilyn y la Monalisa: dos rostros, dos sonrisas misteriosas.

ESE MALDITO BASTARDO
Cholame, California, 30 de septiembre de 1955

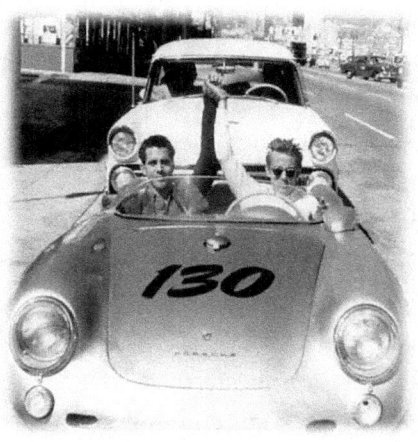

En esta historia los mitos malditos y misteriosos son dos. Uno es un hombre, y no basta que haya sido otro actor joven muerto repentinamente en el culmen de su popularidad. Es un mito debido al protagonista: James Dean.

El otro, por el contrario, es un automóvil, y no basta que haya sido el icono mismo del auto deportivo de lujo por excelencia: el Porsche. Aquel Porsche, un *Speedster* 550 metalizado, es un mito porque ese coche, un *Little bastard*, lo mató.

Él se llama James Byron Dean, y dado que es un actor quien cuenta su vida, son útiles algunas fotos. La primera es la de un niño rubio de nueve años que sonríe a la cámara fotográfica. Camisa blanca, cabello corto con raya de lado, está en el jardín de una casa burguesa de Marion, Indiana. Su padre es dentista y su madre todavía "no ha salido de mi vida", como escribe en su autobiografía. De hecho, Jimmy es todavía un niño que sonríe.

En la segunda se le ve sentado sobre un sillón de piel, vestido de negro, con las piernas sobre el brazo del sillón, un par de botas vaqueras y la mano enganchada al mentón, el pulgar sobre los labios, en una pose inquieta y meditabunda. Ya es un actor, luego de haber estudiado actuación en la Universidad de California, de papeles menores en cintas y anuncios publicitarios, de las pruebas en Nueva York, de otras participaciones intrascendentes en Broadway, y finalmente, tras la admisión en la *Actors Studio* de Lee Strasberg, la escuela de actuación más prestigiosa y exclusiva. Allí ha estado también

Marlon Brando, escribe James a sus padres. Marlon Brando, otro mito maldito y tenebroso como él.

La tercera foto parece tomada por Cartier-Bresson, o por Robert Doisneau, donde se ve una pareja besándose entre la multitud de las calles de París. Jimmy no besa a nadie, camina solo, con una cámara fotográfica al cuello, el impermeable revoloteando, y quizá ni siquiera esa ciudad es París, sino Nueva York, pero eso no importa. En esa foto Jimmy Dean ya proyecta toda su galanura, pero también su maldición e inquietud. Como protagonista solo realizó tres cintas: el desesperado y sensible Cal Trask en *Al este del Edén* (1954), el cínico Jett Rink en *Gigante* (1955), pero entre ellas estuvo el inquieto, asocial y tiernísimo Jim Stark de *Rebelde sin causa* (1955). Ahora viene la cuarta fotografía.

Jimmy va al volante de un diminuto Porsche 550 metalizado. No es propiamente un auto deportivo, sino un verdadero auto de carreras de los años '50. Pero no es un auto como los demás, aquel auto es *su* auto. Lo compró hace poco, antes tenía otro Porsche, un Speedsteer 356. Ha hecho escribir en el flanco el número 130 en rojo, igual que la tela de los asientos y los cinturones de seguridad, y en la parte posterior, en cursiva, *Little bastard* (pequeño bastardo), el sobrenombre de Jimmy. Es el 21 de septiembre de 1955. Menos de diez días después los dos pequeños bastardos entrarán en el horizonte del mito.

30 de septiembre de 1955. 17:30 p.m. Sobre la Ruta 466 el sol se está poniendo. Es una de esas largas carreteras de California, como la Autopista 99, la cual el Speedsteer de Jimmy recorre esa mañana. Lleva manejando todo el día junto a su mecánico de confianza, Rolph Wütheric, que lo acompaña a Salinas, para una carrera en la que Jimmy desea participar. Es más, llevan corriendo todo el día, Jimmy ha dejado atrás a los amigos que iban siguiéndolo en otro coche y ahora se lanza como un bólido a ciento sesenta kilómetros por hora. Poco antes lo había detenido un policía, el límite estaba en ochenta, pero una multa no puede detener a alguien como Jimmy Dean, el protagonista de *Rebelde sin causa*.

En las cercanías de Paso Robles, cerca de Cholame, la Ruta 466 se cruza con la 41. Desde allí se aproxima otro coche, un enorme Ford Tudor del '50 blanco y negro. Al volante va un chico de veintitrés años llamado Donald Turnupseed. Donald vuelve a casa, está cansado, el sol está calando, las sombras brillan sobre el asfalto, va pensando en lo suyo, y cuando llega al cruce con la 466 gira a la izquierda para tomarla. "Nos ha visto, ahora se detiene", dice Jimmy a Rolph, pero Donald no los ha visto y el Porsche 550 se estrella contra el Ford Tudor a ciento sesenta por hora, llega como un siluro, prácticamente sin frenar. Un golpazo. El 550 *was crumpled up like an empty cigarette pack* (quedó destrozado como una cajetilla de cigarrillos vacía), dice un testigo.

Donald tuvo suerte, se golpea por todos lados dentro del Ford pero solo saca unos moretones. Rolph sale volando del Porsche, se rompe una pierna y se golpea en la cabeza, pero nada más. Sin embargo, Jimmy se estrella contra el volante, se rompe las costillas y le estallan los órganos internos, se golpea en la cara y se despedaza el cuello. No sale vivo: lo llevan al hospital y media hora después el coronel Werrick declara su muerte.

Desde ese momento Jimmy se vuelve un mito. Jimmy Dean, el que dejó a la mitad sus estudios de jurisprudencia, en el colegio, para estudiar actuación. Que se fue de casa tras haber discutido con su padre y con tres cintas se vuelve un divo del Óscar. No importa si es un monstruo de la actuación, un talento natural e incluso un profesional, es Jimmy Dean, alguien que desborda todas las fronteras. Es un rebelde sin causa, viril, maldito e inquieto como todos los adolescentes y todos los adultos, aunque ya hayan crecido. En resumen, un mito.

¿Y el 550? Ya lo dijimos, es la historia de dos mitos malditos, y el otro es aquel *Little bastard*, no un Porsche cualquiera. Hay un montón de extraños episodios sobre ese coche con el número 130 en los flancos.

Por ejemplo, en Cholane, a un paso del cruce con Paso Robles, se erigió un museo a la memoria de James Dean. Dentro hubiera quedado bien el 550 plateado, pero no ha sido posible. ¿Por qué? Porque ya no existe.

La leyenda negra del 550 comienza poco después de la muerte de Jimmy. La chatarra es adquirida por George Barris, cuyo oficio es ser *car customer*, es decir, arregla y personaliza los coches para las estrellas del cine: por ejemplo, de su invención son el Batimóvil de Batman y el General Lee de los Duke de Hazzard. Barris compra el 550 por dos mil quinientos dólares y lo hace transportar en un camión, pero el auto se desprende del remolque y le rompe una pierna al conductor. Barris se queda con la carrocería y vende el motor a un piloto amateur, un médico ortopedista apasionado de los Porsches, y la transmisión del 550 a otro médico amigo suyo. Pero durante una carrera el primero se sale de la carretera y mata a un cronometrista, y el segundo se sale de una curva y por un pelo salva el pellejo. Dos chicos que intentan robar el 550 del garaje se lesionan cortándose con la lámina y son descubiertos. Entonces a alguien se le ocurre usarlo como testimonio para una campaña sobre la seguridad en las carreteras. Lo exponen en una escuela, pero el 550 cae del pedestal y le rompe la pierna a un chico de quince años. Entonces lo transladan a otra escuela, pero durante el transporte otro auto choca con el camión, el 550 se desliza hacia atrás, derriba la compuerta y sale volando, matando al conductor.

¿Por qué no está en el mausoleo de Cholane? En el fondo es el auto de Jimmy Dean, pero está maldito como la tumba de Tutankhamón. El vehículo, sin embargo, desaparece. Debido a los daños que ha provocado, lo meten en un tren para regresarlo a Los Ángeles, pero cuando llega a la estación el vagón está vacío. ¿Dónde terminó el Porsche? No se sabe.

Todo lo que sigue después son leyendas, rumores, chismorreos propios de un mito maldito, como tantos que se han dicho del propio James Dean tras su muerte y de tantas otras estrellas inquietas como él.

Lo cierto es que desde entonces al Porsche Speedster 550, el *Little bastard* de Jimmy Dean, nadie lo ha vuelto a ver.

BIBLIOGRAFÍA

ANGER, Kenneth, *Hollywood Babilonia* (2 vols.), Tusquets, Barcelona, 2000.

ATENCIO, T. et al., *The murder of Marilyn Monroe: Her lips were sealed until now*, Independently Published, 2019.

BARTON, Blanche, *The secret life of a Satanist: the authorized biography of Anton Szandor LaVey*, Feral House Books, 3a. ed., 2014.

BOOTH, Stanley, *The true adventures of the Rolling Stones*, Chicago Review Press, Nueva York, 3a. ed., 2014.

BOUCHET, Stéphane et al., *Bertrand Cantat, Marie Trintignant: l'amour à mort*, Archipel, París, 2013.

BRADLEY-COLLEARY, Shannon, *Smash, crash & burn: Tales from the edge of celebrity*, Independently, 2017.

BROWN, Rex et al., *Official truth, 101 proof: The inside story of Pantera*, Da Capo Press, Filadelfia, 2013.

BROWNE, David, *Dream brother: The lives & music of Jeff & Tim Buckley*, It books, Nueva York, 2011.

BUGLIOSI, Vincent et al., *Helter Skelter: The true story of the Manson murders*, W. W. Norton & Co., Nueva York, 2a. ed., 2001.

CLARK, Brian M., *Boyd Rice: A biography*, Discriminate Media Books, 2015.

CRAIN, Zac, *Black Tooth Grin: The high life, good times & tragic end of "Dimebag" Darrell Abbott*, Da Capo Press, Filadelfia, 2009.

CROSS, Charles R., *Room full of mirrors: A biography of Jimi Hendrix*, Hachete Books, Nueva York, 2005.

DAHLIN, Teddie, *A vicious love story: Remembering the real Sid Vicious*, New Haven Publishing, Londres, 2012.

DAVIS, Stephen, *Hammer of the gods: The Led Zeppelin Saga*, It Books, Nueva York, 2008.

EATWELL, Piu, *Black Dahlia, Red Rose: The crime, corruption & cover-up of America's greatest unsolved murder*, Liverlight Publishing, Nueva York, 2018.

FITZGERALD, Nicholas, *Brian Jones: The inside story of the original Rolling Stone*, Putnam Adult Books, Londres, 1985.

FORD, Simon, *Wreckers of civilization: The true story of Coum Transmissions & Throbbing Gristle*, Black Dog Publishing, Londres, 1999.

GILBERT, Lance, *The secret life of horror movies: Real occult demons, paranormal ghosts & supernatural monsters, part 1: cursed films*, Independently Published, 2018.

GILMORE, John, *Severed: The true story of the Black Dahlia*, Amok Books, Los Ángeles, 2a. ed., 2006.

GRANT, Tom, et al., *The mysterious death of Kurt Cobain: suicide or murder? You decide*, Independently published, 2016.

GUESDON, Jean-Michel et al., *Led Zeppelin. All the songs: the story behind every track*, Black Dog & Leventhal, Londres, 2018.

HARRINGTON, Roger, *Black Dahlia: The story of America's most gruesome murder*, Independtly Published, 2007.

HARRISON, Hank, *Beyond Nirvana: The legacy of Kurt Cobain*, Archives Press, Nueva York, 1995.

HOTCHNER, A. E. *Blown away: The Rolling Stones & the death of the Sixties*, Simon & Schuster, Nueva York, 1990.

HUDDLESTON, Judy, *Love him madly: An intimate memory of Jim Morrison*, Chicago Review Press, Chicago, 2013.

HUMPHRIES, Patrick, *Nick Drake: The biography*, Bloomsbury, Nueva York, 1998.

HUMPHRIES, Patrick, *Rolling Stones 69*, Omnibus Press, Londres, 2019.

HUTCHENCE, Tina, *Michael: My brother, lost boy of Inxs*, Allen & Unwin, Australia, 2018.

JACKSON, Laura, *Brian Jones: The untold life & mysterious death of a rock legend*, Hachette Books, Londres, 2009.

JONES, Jack, *Let me take you down: Inside the mind of Mark Chapman, the man who killed John Lennon*, Villard Books, Nueva York, 1992.

JUCHA, Gary J., *Rolling Stones FAQ: All that's left to know about the bad boys of rock*, Backbeat Books, Londres, 2019.

KADING, Greg, *Murder Rap: The untold story of the Biggie Smalls & Tupac Shakur murder investigations by the detective who solved both cases*, One-Time Publishing, Nueva York, 2011.

LARSSON, Bengt-Erik, *What happened in Room 100 at Chelsea Hotel? The death of Nancy Spungen & Sid Vicious*, Independtly published, 2015.

LAWRENCE, Sharon, *Jimi Hendrix: The intimate story of a betrayed musical legend*, Harper Books, Nueva York, 2006.

LIME, Harry, *The murder of Sam Cooke*, Lulu.com, 2019.

MANN, William J., *The Contender: The story of Marlon Brando*, Harper Collins, Nueva York, 2019.

MANSO, Peter, *Brando: The biography*, Hperion Publishing, Nueva York, 1994.

MARGOLIS, Jay, et al., *The murder of Marilyn Monroe: Case closed*, Skyhorse Publishing, Nueva York, 2014.

MARGOTIN, Philippe, *The Rolling Stones. All the songs: The story behind every track*, Black Dog & Leventhal, Londres, 2016.

MCNEIL, Legs et al., *Please kill me: The uncensored oral history of punk*, Penguin books, Nueva York, 1997.

MOYNIHAN, Michael et al., *Lords of chaos: The bloody rise of the satanic metal underground*, Feral House Publishing, 2a. ed., 2003.

MULLEN, Brendan et al., *Lexicon Devil: The fast times & short life of Darby Crash & The Germs*, Feral House, Los Ángeles, 2002.

PAGE, Jimmy, *Jimmy Page by Jimmy Page*, Genesis Publications, Londres, 2014.

PAYNE, R. E., *The Death of Brandon Lee: The untold story*, Independently published, 2015.

PAYTRESS, Mark, *The art of dying young: Vicious*, Bobcat Books, Londres, 2010.

RASKIN, Lee, *James Dean: On the road to Salinas*, Stance & Speed Publishing, California, 2015.

RIORDAN, James et al., *Break on through: The life & death of Jim Morrison*, William Morrow Publishing, Nueva York, 1991.

RITZ, David, *Divided soul: the life of Marvin Gaye*, Da Capo Press, Filadelfia, 1991.

RO, Ronin, *Raising Hell: The reign, ruin & redemption of Run-DMC & Jay Master Jay*, Amistad Books, Nueva York, 2005.

ROBB, Brian J., *Heath Ledger: Hollywood's dark star*, Plexus Publishing, Londres, 2008.

ROCHARD, Jacques, *Jim Morrison: Poesie aprocrife*, Blues Brothers, Milán, 2009.

ROCHARD, Jacques, *Vivo!*, Gammalibri, Florencia, 1986.

SCHILLER, Lawrence et al., *American Tragedy: The uncensored story of the O. J. Simpson defense*, Amazon Digital Services, 2014.

SULLIVAN, Terry, et al., *Killer clown: The John Wayne Gacy murders*, Pinnacle Books, Nueva York, 2013.

SZANDOR LaVey, Anton, *The satanic bible*, Avon Books, California, 1969.

TARABORRELLI, J. Randy, *The secret life of Marilyn Monroe*, Grand Central Publishing, Nueva York, 2009.

THROBBING GRISTLE, *Painful but fabulous: The life & art of Genesis P-Orridge*, Soft Skull Press, Nueva York, 2002.

TOOBIN, Jeffrey, *The run of his life: The people vs. O. J. Simpson*, Random House, Nueva York, 3a. ed., 2015.

TRYNKA, Paul, *Sympathy for the Devil: The birth of the Rolling Stones & the death of Brian Jones*, Corgi Publishing, Londres, 2015.

WALLACE, Max et al., *Love & Death: The murder of Kurt Cobain*, Atria Books, Nueva York, 2004.

WIEHL, Lis et al., *Hunting Charles Manson: The quest for justice in the days of Helter Skelter*, Nelson books, Tennessee, 2018.

WINKLER, Peter L., *The real James Dean: Intimate memories from those who knew him best*, Chicago Review Press, Chicago, 2016.

WOHLIN, Anna, *The murder of Brian Jones: The secret story of my love affair with the murdered Rolling Stone*, Blake Publishing, Londres, 2000.

WOLFE, Donald H., *The last days of Marilyn Monroe*, Harper Collins, Nueva York, 1998.

WOLFF, Daniel J., *You send me: The life & times of Sam Cooke*, William Morrow & Co., Washington, 1995.

WOODWARD, Bob, *Wired: The short life & fast times of John Belushi*, Simon & Schuster, Nueva York, 1984.

SOBRE EL AUTOR

Julio César Navarro Villegas (México, 1972) estudió la Licenciatura en Derecho en la UNAM, donde se graduó con mención honorífica en 1997. Por invitación de la Comunidad Europea realizó entre 2004 y 2006 la Maestría en Sistema Jurídico Romanista: Unificación del Derecho y Derecho de la Integración en la Universidad "Tor Vergata" de Roma, Italia. Cursó la Maestría en Ciencias Jurídicas entre 2012 y 2014 en la Universidad Panamericana (México), donde realizó estudios de Doctorado en Derecho.

Ha sido titular de las asignaturas de Derecho Romano I y II en la Universidad Nacional Autónoma de México, la Universidad Panamericana y la Universidad Internacional de la Rioja; es profesor titular de los dos cursos de Derecho Romano y de la materia Derecho Eclesiástico del Estado en la Universidad Pontificia de México; ha impartido cursos de especialización sobre exégesis de las fuentes jurídicas romanas, bases de la argumentación jurídica y oratoria parlamentaria en la Universidad Nacional Autónoma de México; ha impartido seminarios sobre exégesis jurídica romana en la Universidad Panamericana; ha impartido cursos de latín jurídico en diversos estados de la República Mexicana; ha participado en congresos de Derecho Romano y Derecho Protocolario en México; ha sido conferencista de temas relacionados con el derecho romano y el humanismo clásico en diversas universidades nacionales; ha colaborado en la reforma a planes de estudio de la Licenciatura en Derecho en la Universidad Pontificia de México; ha publicado diversos artículos en revistas especializadas del país; ha sido crítico literario y musical en programas de radio y televisión en línea; ha publicado en formato digital e impreso obras variadas en los ámbitos jurídico, humanista, histórico y literario con el apoyo de Amazon.

Correo electrónico para comentarios y sugerencias: suiiuris10@gmail.com

NOTA FINAL

Estimado lector:

Deseo agradecerte enormemente el interés mostrado por este modesto trabajo. Hoy, la tecnología nos brinda posibilidades de interacción impensadas en el pasado. El boca a boca tiene a las redes sociales como aliados; el lector ha adquirido cada vez más protagonismo en la vida de una obra literaria. Si esta, o cualquier otra obra de tu servidor, te ha gustado, no dejes de comentársela a tus amigos, de mencionarla en tu perfil de Facebook, de Twittearla. Y especialmente, te solicito un comentario en la página de Amazon donde la adquiriste. Será un enorme aliciente para continuar, siendo positiva la opinión, y para mejorar, si es una crítica constructiva a este trabajo de escritor.

También te invito a seguir las novedades y los detalles más recientes de mi actividad literaria en la página https://julionavarrosite.wordpress.com/, donde podrás compartir todas tus inquietudes sobre alguna de las obras que tu servidor va publicando.

Julio César Navarro Villegas
México, diciembre de 2019

www.ingramcontent.com/pod-product-compliance
Lightning Source LLC
Chambersburg PA
CBHW070631220526
45466CB00001B/153